Anselm Grün

Leben ist jetzt

Anselm Grün

Leben ist jetzt

Die Kunst des Älterwerdens

FREIBURG · BASEL · WIEN

4. Auflage 2011

© Verlag Herder GmbH, Freiburg im Breisgau 2009
Alle Rechte vorbehalten
www.herder.de

Satz: Barbara Herrmann, Freiburg
Herstellung: fgb · freiburger graphische betriebe
www.fgb.de

Gedruckt auf umweltfreundlichem, chlorfrei gebleichtem Papier
Printed in Germany
ISBN 978-3-451-30238-1

Inhalt

Einleitung

Älter werden wir von alleine. Aber ob und wie uns das Älterwerden gelingt, das ist eine andere Frage. „Zu wissen, wie man älter wird, – das ist das Meisterstück der Weisheit und eines der schwierigsten Kapitel in der Lebenskunst", meint Fréderic Amiel. Kunst kommt von Können, ist also nichts Selbstverständliches. Wir müssen erlernen, wie wir auf gute Weise älter werden. Können hängt mit Verstehen und wissen und weise zusammen. Um die Kunst des Älterwerdens zu erlernen, braucht es das Verstehen dessen, was in diesem Prozess an uns und mit uns geschieht. Kunst hängt übrigens auch mit dem deutschen Wort „kund" zusammen. Wer die Kunst des Älterwerdens erlernt, wird nicht allein für sich in guter Weise alt. Wir lernen die Kunst des Älterwerdens nie nur für uns selbst, sondern immer auch für die anderen. Wir zeigen ihnen mit unserem Leben etwas, das ihr Leben bereichert.

Der griechische Philosoph Platon meint, Kunst sei Nachahmung. Und er denkt an die Natur, die der Künstler in seinen Werken nachahmen soll. Die Natur lehrt uns nach diesem Verständnis auch, wie wir auf gute Weise alt werden. Der Herbst steht für das Alter. Im Herbst wird geerntet. Auch das Alter zeigt die Ernte eines Lebens. Wir dürfen dankbar auf die Früchte schauen, die das Leben gebracht hat. Die Farben des Herbstes sind bunter als die des übrigen Jahres. Und es sind milde Farben. Das ist eine Lehre, die uns die Natur erteilt: auf gute Weise alt wird der, der milder wird, nicht nur in seinem Urteil, sondern in seinem ganzen Sein. Und zugleich wird er entdecken, dass sein Leben innerlich reicher wird, bunter, oft so leuchtend wie ein goldener Oktober. Der Blick in die Natur zeigt noch etwas anderes: Zur Kunst des Älterwerdens gehört es auch, loszulassen, so wie die Bäume das Laub loslassen, es auf die Erde fallen lassen, damit es zum Wurzelgrund für neues Leben werden kann.

In dem Wort „Älterwerden" ist noch etwas Wichtiges, etwas Positives beschrieben: *Älterwerden* ist nichts Statisches oder ein für alle mal klar Abgeschlossenes. Es ist eine Bewegung. Da *wird* noch etwas im Menschen. Da wächst etwas.

Wenn jemand *alt* ist, dann hat das zwei Bedeutungen. Zum einen: er ist alt geworden. Man merkt ihm seine Schwächen an. Aber das ist nur eine Seite. Die andere Seite: er ist alt, er *ist* sein Alter. Er muss nichts mehr leisten. Er genießt das reine Sein. Da ist jemand präsent, ganz er selbst.

Worte wandeln sich und nehmen immer neue Bedeutungen in sich auf. Vom Wortstamm kommt „alt" von einem Verb, das „wachsen, aufziehen, ernähren" bedeutet. Es hängt auch mit dem lateinischen Wort „altus = hoch" zusammen, das von „alere = nähren, großziehen" stammt. Der hochgewachsene Baum ist alt. Vom Ursprung hat „alt" also eine positive Bedeutung. Aber in Redewendungen wie „wenn du verlierst, siehst du alt aus" kommt eine negative Wertung in dieses Wort. Die Abwertung des Alters in einer Zeit, in der nur das Junge und Jugendliche gilt, hat sich bis in unsere Sprache hinein ausgewirkt. Daher ist es wichtig, so von Altsein und Älterwerden zu sprechen, wie es der ursprünglichen positiven Bedeutung entspricht.

Die Kunst des Älterwerdens ist nicht nur auf das Alter beschränkt. Von Geburt an – so sagt schon der hl. Augustinus – altern wir. Die uns zugemessenen Tage werden weniger. Wir werden älter. Das ist nichts, was statisch oder festgeschrieben wäre, es ist ein lebenslanger Prozess. Aber es ist nicht nur ein Prozess des Abnehmens, sondern des Reifens. Älterwerden, wie schon gesagt, drückt genau diese positive Bewegung aus: Es *wird* etwas.

Die Natur macht es uns auch hier wieder vor. Jede Phase in unserem Leben hat ihre eigene Bedeutung. Der Frühling steht für das Aufbrechen des Lebens, für die Frische und Lebendigkeit. Der Sommer steht für die Fülle des Lebens, der Herbst für die Buntheit und für die Ernte und der Winter für die Stille und für das Ausruhen, damit neues Leben aufbrechen kann.

Wie jede Jahreszeit voller Bedeutung ist, so hat auch jede Lebenszeit des Menschen eine je eigene Bedeutung. Und es ist gut, in jeder Lebensphase das zu leben, was ihr entspricht. Der Jugendliche muss andere Werte betonen als der alte Mensch. Man sagt zwar, Jugend sei ein Geschenk, Älterwerden eine Aufgabe. Aber auch der junge Mensch muss die Aufgabe erfüllen, die ihm die Jugend stellt. Und die besteht darin, zu kämpfen, sich das Leben zu erobern und seine eigene Identität zu finden. Wenn der alte Mensch immer noch um seinen Platz im Leben kämpfen würde, wäre das für uns eher lächerlich. Jeder Mensch braucht ein Gespür für das je Eigene, das in seiner Lebensphase verwirklicht werden will.

Im Herbst, sagten wir, wird geerntet. So geht es beim Älterwerden um das Reifen einer Frucht, an der wir uns erfreuen, die wir genießen, die aber auch andere Menschen befruchtet. Die Frucht, die im Alter heranreift, will – um im Bild zu bleiben – auch anderen das Leben versüßen. Wer vom Älterwerden redet, spricht nicht nur von nachlassenden Kräften, Verfall und Schwäche, im Gegenteil: Bis ins hohe Alter gibt es Chancen und positive Möglichkeiten, des Wachsens, des Reifens und der Vollendung.

Der bekannte Altersforscher Paul Baltes erzählte gern eine Anekdote über Arthur Rubinstein. Der 80-jährige wurde demnach einmal gefragt, wie er denn in seinem hohen Alter immer noch ein so begnadet guter Konzerpianist sein könne. Der Künstler spricht in seiner Antwort von drei Prinzipien, die es ihm immer noch erlaubten, so gut Klavier zu spielen: Auswählen, Optimieren, Ausgleichen. Er habe durch eine Auswahl ihm wichtiger Stücke sein Repertoire verkleinert – also eine Wahl getroffen. Durch diese Selektion könne er diese Stücke auch mehr und intensiver üben als früher. Dadurch verbessere er sich technisch. Das ist also eine Optimierung. Und weil er die ausgewählten Stücke nicht mehr so schnell wie früher spielen konnte, wandte er einen Kunstgriff an: Vor besonders schnellen Passagen verlangsamte er sein Tempo; im Kontrast erschienen diese Passagen dann wieder ausreichend schnell. Das ist eine sehr wirksame Form der Kompensation und Teil einer positiven Strategie. Sie widerlegt das Vorurteil, Älterwerden sei nur unter dem Vorzeichen des Nachlassens und der Verminderung zu sehen. Sich auf wenige Ziele zu beschränken, diese aber sehr energisch zu verfolgen und dabei nach geeigneten inneren und äußeren Ressourcen der Kompensation zu suchen – das ist die Kunst des guten Älterwerdens.

Was Arthur Rubinstein da als Geheimnis seiner Kunst im Älterwerden beschrieben hat, gilt nicht nur für Künstler, sondern für jeden, der sein Alter spürt. Er kann vielleicht nicht mehr soviel schaffen wie früher. Also muss er auswählen, was ihm wichtig ist, um seine Kräfte besser einzusetzen. Das, was ihm wichtig ist, soll er bewusst leben und sich ganz darauf einlassen. Natürlich braucht er Methoden, um mit den Defiziten gut umzugehen. Er muss manche Lücken in seinem Wissen mit seiner Erfahrung ausfüllen und manche Lücken in seiner körperlichen Leistungskraft wettmachen durch die Fähigkeit, mit weniger Energieeinsatz trotzdem etwas zu vollbringen.

Man lebt nur einmal, sagt man. Das heißt: Das Leben jedes Menschen ist einmalig. Jeder Mensch ist einzigartig. Romano Guardini meint, Gott habe über jeden Menschen ein Passwort gesprochen, das nur für diesen ganz bestimmten Menschen „passt". Unsere Aufgabe in jeder Lebensphase ist es, dieses einmalige Wort, das Gott nur über uns spricht, in dieser Welt vernehmbar werden zu lassen. Wir leben nur dann wirklich gut, wenn wir uns unserer Einzigartigkeit bewusst werden und wenn wir verinnerlichen, dass wir nur einmal leben. Jesus hat uns in seiner Predigt immer wieder ermahnt, aufzuwachen und wirklich zu leben – nicht irgendwann, sondern jetzt. Denn wir haben nur dieses eine Leben. Und das sollen wir nicht verschlafen. Leben ist immer jetzt: Wir sollen nicht einfach so dahin leben, sondern mit offenen

Augen durch die Welt gehen und unsere Lebensspur bewusst in diese Welt eingraben.

Manche bekommen Angst, wenn sie sich bewusst machen, dass sie nur einmal leben. Sie stopfen alles ins Leben hinein, was schnellen Genuss verspricht. Für sie ist Älterwerden eine Katastrophe. Denn im Alter könnte ja alles zu spät sein. Aber so werden sie unfähig, ihr Leben in jedem Moment wirklich zu genießen. Sie starren auf das zu kurze Leben und meinen, sie müssten alle ihre Sehnsüchte vom Leben auch ausleben. Doch da sie das nie schaffen, weil Sehnsucht keine Grenze kennt, werden sie immer hektischer und zugleich unzufriedener.

Manch einer mag dieser Einmaligkeit und Unwiderruflichkeit seines Lebens vielleicht aus dem Weg gehen, indem er an ein nochmaliges Kommen auf die Erde glaubt, an die Reinkarnation. Doch das ist für mich eine Flucht vor der Einmaligkeit des Lebens. Anstatt bewusst und intensiv zu leben, vertröste ich mich, ich hätte ja nochmals eine Chance, es besser zu machen. Doch die andere Seite der Reinkarnationslehre übergeht man dann, nämlich die, dass durch das im Hier und Jetzt ungelebte Leben ein negatives Karma das künftige Leben erschweren soll.

Mir ist eine andere Alternative sympathischer: wenn Menschen die Einmaligkeit ihres Lebens als Einladung verstehen, ihr einzigartiges Leben bewusst zu leben und es auszukosten, es in allen seinen Facetten wahrzunehmen und es, hier und heute, in jeder Lebensphase, zu gestalten. Ich lebe nur einmal. Das ist auch eine Herausforderung, dieses eine Leben so gut zu gestalten, wie es mir möglich ist. Die Kunst, das einmalige Leben bewusst und intensiv zu leben, beginnt nicht mit dem Eintritt ins Alter. Vom ersten Tag an, seit unserer Geburt werden wir mit jedem Tag älter. Daher besteht die Kunst des Lebens eben in dieser Kunst des Älterwerdens: darin, sich dem inneren Wandlungsprozess des Lebens zu überlassen. Das Ziel der Verwandlung ist, dass wir mehr und mehr in die einmalige und einzigartige Gestalt hineinwachsen, die Gott uns zugedacht hat.

Die Kunst des Älterwerdens besteht darin, in allen Erlebnissen unseres Lebens, auch in allen Dissonanzen, nach der eigenen Melodie zu suchen, in der sich die Spannungen auflösen, die wir in uns wahrnehmen. In dieser Kunst des Älterwerdens können wir uns ein Leben lang üben, sie fängt nicht erst mit der Pensionierung an. Im Blick auf das Alter stellen sich nur verschärft die Fragen, die eigentlich für das ganze Leben gelten. Wir leben ja schließlich nicht, um jung zu bleiben, sondern um alt zu werden.

Erich Fromm vergleicht unsere Aufgabe im Leben mit einer Geburt. Unsere Aufgabe ist es, ganz geboren zu werden. Leonardo Boff hat dieses Bild aufgegriffen, wenn er in einem Text zu seinem eigenen 70. Geburtstag schreibt: „Das Alter ist die letzte Etappe menschlichen Wachsens. Wir werden ganz geboren, aber wir sind nie fertig. Wir müssen unsere Geburt vollenden, indem wir unsere Existenz verwirklichen, Wege öffnen, Schwierigkeiten überwinden und unseren Lebensweg formen. Wir sind immer im Werden. Wir beginnen mit dem Geborenwerden. Wir werden im Laufe unseres Lebens in Raten weiter geboren, bis wir unsere Geburt vollenden. Dann treten wir in die Stille ein. Und wir sterben. Das Alter ist die letzte Gelegenheit, die uns das Leben bietet, um das Wachsen, Reifen und schließlich das Geborenwerden zu vollenden." Das Älterwerden ist Teil dieses ganzheitlichen Lebensprozesses.

Dies ist kein Buch über das Alter. Ich möchte im folgenden keine medizinischen Einsichten, aber auch keine systematische Beschreibung des Altwerdens geben. Vielmehr möchte ich auf Fragen eingehen, die sich uns beim Älterwerden stellen. Es sind Fragen, die mich in Gesprächen mit Menschen berührt haben und die sich dem eigenen Älterwerden gestellt haben. Ich kann natürlich keine letztgültigen Antworten geben. Ich möchte nur versuchen, so zu antworten, dass Sie, liebe Leserin, lieber Leser, für Ihren eigenen Prozess des Älterwerdens in sich einen Weg entdecken, der Sie durch alle Etappen Ihres Lebens zum wahren Leben führt, zum Leben, das auch durch den Tod nicht zerstört werden kann.

1. Wie die Zeit vergeht

Zeit ist Leben. Unser Älterwerden ist auch davon bestimmt, dass wir zu spüren glauben, wie die Zeit vergeht. Wie das Verrinnen des Sandes in Sanduhr wird es uns bewusst. Mit zunehmendem Alter empfinden wir das Tempo, in dem die Zeit vergeht, als sich steigernde Geschwindigkeit: „Die Zeit fährt Auto", hat Erich Kästner gedichtet. Wenn wir plötzlich Freunde der Kindheit oder der Jugend wiedertreffen und sehen, wie sie sich verändert haben und wie die Zeit ihre Spuren in ihre Gesichter eingegraben hat, dann wird uns – im Spiegel der anderen – bewusst, dass auch an uns die Jahre nicht spurlos vorübergegangen sind. Hugo von Hoffmannsthal, der das Libretto zur Oper „Der Rosenkavalier" geschrieben hat, hat viel über dieses Thema der vergehenden Zeit nachgedacht. „Die Zeit", sagt die Marschallin im Rosenkavalier, „die ist ein sonderbares Ding. Wenn man so hinlebt, ist sie rein gar nichts. Dann, auf einmal, spürst du nichts als sie; sie ist um uns herum und ist in uns drinnen. In den Gesichtern rieselt sie, in dem Spiegel da rieselt sie, und zwischen mir und dir fließt sie dahin, wie eine Sanduhr, lautlos. Manchmal hör' ich sie rinnen, unaufhaltsam; und ich steh' auf, mitten in der

Nacht und lass die Uhren alle stehen." Uhren kann man anhalten, die Zeit läuft weiter.

Älterwerden hat mit dieser besonderen Erfahrung zu tun. Wir haben das Gefühl, dass die Zeit zwischen unseren Händen zerrinnt, dass sie „abläuft", dass uns immer weniger Zeit zum Leben bleibt. Manchen macht diese Erfahrung der begrenzten und endlichen Zeit Angst. Die einen reagieren panisch und wollen die Wirklichkeit nicht wahr haben. Sie versuchen, die Spuren der Zeit zu vertuschen, indem sie Cremes benutzen, die die Falten glätten oder indem sie ihre welkende Haut liften lassen. Andere stürzen sich in Hektik und Betriebsamkeit. Sie möchten die Zeit, die ihnen bleibt, möglichst intensiv nutzen und stopfen alles Mögliche in sie hinein. Und sie haben doch den Eindruck, dass ihnen die Zeit davon läuft, immer schneller und unaufhaltsam. Die Zeit wird dann zum Gegner, mit dem sie kämpfen. Doch das ist nicht der Umgang mit Zeit, den uns Jesus empfiehlt oder zu dem uns die griechische Philosophie einlädt.

Die Griechen haben ihre Erfahrung mit der Zeit in einen Mythos gefasst. Durch die Erzählung verdeutlichen sie einen beängstigenden Aspekt dessen, was – bis heute und in jedem einzelnen Leben erfahrbar – für uns das Geheimnis der Zeit ist: Zeit als eine verschlingende Macht. Dieser alte Mythos erzählt uns vom Urgott, dem Chronos. Er hat seine Kinder aufgefressen aus Angst, sie könnten ihm die Herrschaft streitig machen. Doch seine Frau Rhea überlistet ihn. Als Chronos Zeus geboren hat, wickelte sie einen großen Stein in die Windeln. Als Chronos diesen Stein aß, konnte ihn Zeus überwinden. Wir sprechen heute noch vom Chronometer, vom Zeitmesser. Das ist die quantitativ gemessene Zeit, die immer zu wenig da ist, die Zeit, die uns auffrisst, und die Zeit, die wir als Gegner erleben.

Aber das ist nicht die ganze Weisheit der Griechen zur Erfahrung der Zeit. Sie kennen auch noch ein anderes Wort für Zeit: kairos, die angenehme Zeit, die Gelegenheit und Chance ist. Jesus spricht – in der Tradition dieses griechischen Verständnisses – immer vom kairos, von der angenehmen Zeit, von der erfüllten Zeit. Es ist die Zeit, die uns geschenkt ist und die wir genießen dürfen. Ob wir die Zeit als chronos oder kairos erleben, hängt von uns und unserer Einstellung zur Zeit ab. Wenn wir ganz im Augenblick, im Jetzt, leben, dann nehmen wir die Zeit als angenehme Zeit wahr, als kairos, als Zeit, die uns geschenkt ist. Wir spüren etwas vom Geheimnis der Zeit, die wir nicht festhalten können, die aber im Augenblick uns gehört. Wir atmen in der Zeit, wir fühlen in der Zeit. Wir bekommen ein Gespür für die Zeit.

Das Älterwerden wird uns nur gelingen, wenn wir in diesem Sinn Zeit bewusst erfahren und unsere Beziehung zur Zeit bedenken.

Leben – eine lange Zukunft, oder eine kurze Vergangenheit?

Es heißt, vom Standpunkt eines Kindes aus gesehen sei das Leben eine unendlich lange Zukunft, vom Standpunkt des Alters aus eine sehr kurze Vergangenheit. Sicher ist: die Erfahrung von Zeit ändert sich im Verlauf des Älterwerdens. Kinder können es kaum erwarten, bis Weihnachten wird. Für sie dauert die Zeit länger. Wenn sie an ihren nächsten Geburtstag denken oder gar an den Abschluss ihrer Schulzeit, dann haben sie den Eindruck, dass das unendlich weit weg ist. Sie können sich das oft gar nicht vorstellen. Ältere Menschen haben ein anderes Zeitgefühl. Sie sagen: „Schon wieder ein Jahr vorbei. Es ist schneller vorbeigegangen, als man denkt." Warum Kinder und alte Menschen die Zeit so verschieden wahrnehmen, darüber kann ich nur spekulieren. Kinder haben die Zeit noch vor sich. Sie möchten ihr Leben leben. Sie sind ganz und gar auf die Zukunft ausgerichtet. Kleine Kinder sind ganz im Augenblick. Aber sobald sie die Zeit wahrnehmen und sich bewusst machen, leben sie im Blick auf die Zukunft, auf den kommenden Urlaub, auf ein besonderes Fest. Sie erwarten von dem künftigen Ereignis eine Steigerung ihres Lebens. Dabei hängt diese Erwartung davon ab, dass sie etwa den Geburtstag oder Weihnachten schon einmal als wunderbare Feste erlebt haben. So sehnen sie sich danach, dass dieses Fest wieder kommt. Und die Zeit des Wartens wird ihnen leicht zu lang.

Alte Menschen haben viel Vergangenheit hinter sich. Sie haben viel erlebt. Oft genug verweilen sie in ihren Gedanken in der Vergangenheit. Gerade wenn ein Ehepartner gestorben ist oder wenn die Gegenwart nicht viel Aufregendes zu bieten hat, leben sie in der Erinnerung. Das Verweilen in der Vergangenheit lässt die Zeit schneller verstreichen. Alte Menschen warten weniger auf die Zukunft. Sie versuchen, ihren Alltag zu meistern. Um ihn meistern zu können, beziehen sie ihre Kraft aus der Erinnerung an Zeiten, in denen es ihnen noch leichter fiel, ihr Leben zu gestalten. Weil sie aus der Vergangenheit leben, geht die Gegenwart schneller an ihnen vorbei. Die Zukunft ist für sie nicht mehr so wichtig. Das Denken an die Zukunft konfrontiert sie mit dem eigenen Sterben. Und so leben sie lieber in der Vergangenheit. Sie ist der Quelle, aus dem sie schöpfen.

Es gibt allerdings auch alte Menschen, die sich darüber beklagen, dass nichts passiert. Sie sitzen einfach nur da und warten, dass andere kommen, um ihre nachlassende Lebenskraft aufzufrischen und ihre Leere zu füllen. Wie ein alter Mensch die Zeit erlebt, hängt also immer davon ab, wie er zu leben versteht. Wer nur von anderen her lebt, wer sich nur lebendig fühlt, wenn andere mit ihm sprechen und ihn besu-

chen, dem wird die Zeit leer und lange – und langweilig. Wer jedoch die Gegenwart anfüllt mit guten
Erinnerungen an früher, dem geht die Zeit schnell
vorbei. Er wundert sich, dass das Jahr schon wieder
vorbei ist, dass er ein Jahr älter geworden ist.

Andere alte Menschen leben ganz in der Gegenwart.
Sie sind damit beschäftigt, diesen Tag gut zu bestehen. Sie haben ihre festen Rituale, die ihrem Tag einen bestimmten Rhythmus geben. Und so geht ein
Tag nach dem andern vorüber. Sie fühlen sich im Leben daheim, auch wenn es nicht ständig etwas Neues
bietet. Ja vielleicht gerade deswegen. Auch für solche
Menschen geht die Zeit schneller vorüber als für die
Kinder, die die Gegenwart gerne überspringen
möchten und für die sie deshalb umso länger dauert.

Wer bewusst lebt, dem wird die Zeit nicht lang

Unser Verhältnis zur Zeit ändert sich im Verlauf des Lebens. Kinder und alte Menschen haben auch ein anderes Verhältnis zur Zeit als Menschen, die im Beruf stehen: Menschen im Beruf erleben ihre Zeit stark strukturiert. Der Beruf zwingt sie, täglich zur gleichen Zeit aufzustehen und zur Arbeit zu gehen, wenn sie eine regelmäßige Arbeitszeit haben. Wenn ihre Arbeitszeit variiert zwischen Früh- und Spätschicht, dann wird ihre Zeit auch durch die Arbeit bestimmt. Und ihr Erlebnis der Zeit ist davon abhängig, wie weit der Arbeitsrhythmus ihrem eigenen inneren Rhythmus entspricht. Ganz gleich, wie gut es ihnen gelingt, sich auf den vorgegebenen Rhythmus einzulassen, ihre Zeit wird von außen bestimmt. Sie sehnen sich oft während der Woche nach dem Wochenende, an dem sie sich erholen oder das tun können, worauf sie Lust haben. Ihr Zeitempfinden wird vor allem durch den Wechsel von Arbeitszeit und Freizeit geprägt.

Kindern und alten Menschen fehlt diese Bestimmung der Zeit von außen. Doch Kinder haben durchaus ihren Rhythmus. In den ersten Jahren achtet die Mutter darauf, dass sie das Kind immer zur gleichen Zeit stillt und ins Bett bringt. Sie hört auf den inneren Rhythmus des Kindes und versucht, es an einen Rhythmus zu gewöhnen, von dem sie überzeugt ist, dass er für das Kind gut ist. Später wird das Kind dann vom Rhythmus des Kindergartens und anschließend von dem der Schule bestimmt. Trotzdem gehen Kinder nicht so stark im vorgegebenen Rhythmus auf. Sie freuen sich auf das Außergewöhnliche, auf Feste, auf Partys, auf die besonderen Erlebnisse.

Alte Menschen haben weniger Verpflichtungen von außen. Sie könnten morgens lange im Bett bleiben und einfach in den Tag hinein leben. Doch viele ältere Menschen haben ihren Rhythmus so verinnerlicht, dass sie ihn auch im Alter weiter leben. Sie stehen immer um die gleiche Zeit auf. Sie strukturieren ihren Tag so, dass es ihnen gut tut. Wer seinem Tag gar keinen Rhythmus gibt, der erlebt ihn oft als langweilig und leer. Wer jedoch einen guten Rhythmus für sich gefunden hat, der lebt jeden Tag gleich, gleich erfüllt und nicht gleich langweilig. Er freut sich auf seinen täglichen Spaziergang, oder auf das Hobby, dem er täglich bestimmte Stunden reserviert hat. Er steht nicht mehr unter Zeitdruck. So kann er sich ganz seinem inneren Rhythmus überlassen.

So lange der alte Mensch noch gesund ist, kann er sich an seinem Rhythmus und an seinem Leben freuen. Doch sobald er krank wird und jeden Tag als Last empfindet, erlebt er die Zeit anders. Da möchte er gerne, dass die Zeit zu Ende geht. Allerdings gibt es auch kranke Menschen, die trotzdem noch am Leben und an der Zeit hängen. Papst Johannes XXIII. erzählt bei seinem Besuch eines Arbeiterviertels in Rom, er habe einmal eine alte Frau besucht, die im Sterben lag. Er wollte sie trösten, indem er sagte, dass doch diese Welt, die sie jetzt verlassen müsse, nur ein Tal der Tränen sei. Darauf richtete sich die sterbende Frau in ihrem Bett auf und antwortete: ‚Aber, Herr Pfarrer, es weint sich doch so schön in diesem Tal der Tränen!‘" Auch in ihrer Krankheit hing diese Frau noch am Leben: Lieber noch in der Zeit leben, als die Zeit verlassen.

Es gibt Unterschiede im Zeiterleben, je nachdem in welchem Lebenszyklus ich gerade stehe. Aber das Zeitlerleben hängt nicht nur vom Lebenszyklus ab, sondern auch von der Art und Weise, wie ich mein Leben verstehe und lebe. Wer sich um das Leben betrogen fühlt, der erlebt die Zeit immer als Last. Dem kann die Zeit nicht schnell genug vorbei gehen. Wer dankbar lebt, der lebt in der Zeit. Der genießt den Augenblick. Und zugleich vergeht ihm die Zeit so schnell. Weil er bewusst lebt, wird ihm nie langweilig. Er genießt die Zeit und weiß zugleich, dass sie begrenzt ist. Gerade im Wissen um die Begrenztheit seiner Zeit erlebt er sie mit allen Sinnen, voller Dankbarkeit und Achtsamkeit.

Wer weise ist hat alle Zeit der Welt

In der Jugend geht es vor allem darum, möglichst viel in der Zeit zu erleben. Man neigt dazu, Zeit mit den Erlebnissen zu verwechseln, die man in der Zeit macht. Je älter wir werden, desto mehr Gespür bekommen wir für den Augenblick, für das Geheimnis der Gegenwart. Wer im Augenblick lebt, der braucht keine äußeren Erlebnisse, um sich lebendig zu fühlen. Er spürt sich selbst. Und er nimmt seine Umgebung wahr. Da genügt ihm ein Spaziergang im Wald, um ganz im Augenblick zu sein und ihn zu genießen. Oder es genügt ihm das intensive Gespräch mit einem Freund, um die Zeit zu vergessen. Oder aber er lässt sich auf die Stille ein. In der Stille der Meditation steht die Zeit still. Da ahnt er mitten in der Zeit etwas von der Ewigkeit, die in seine Zeit einbricht.

Je älter der Mensch wird, desto mehr wird er sich der Endlichkeit seiner Zeit bewusst. Manche versuchen, die Begrenztheit ihrer Zeit mit möglichst vielen Aktivitäten aufzufüllen. Sie haben Angst, sie könnten etwas versäumen. Letztlich ist es die Angst vor dem ungelebten Leben, die sie dazu antreibt, möglichst viel mit der Zeit anzufangen. Doch je mehr sie sich unter Druck setzen, möglichst viel zu erleben, desto weniger erleben sie wirklich. Sie werden unfähig, im Augenblick zu sein und das, was sie gerade wahrnehmen, mit allen Sinnen wahrzunehmen.

Andere nehmen die Endlichkeit ihrer Zeit zum Anlass, sich ganz dem Augenblick zu widmen. Sie überlegen sich, welche Spur sie in diese Welt eingraben möchten, was sie dem, mit dem sie gerade sprechen, sagen möchten, was sie ihm an Lebensweisheit vermitteln möchten. Was ist die Essenz meines Lebens, die ich weitergeben möchte? Solche Menschen könnte man weise nennen: Sie gehen mit ihrer Zeit behutsam um. Sie können die Zeit genießen. Für sie gibt es nichts Wichtigeres als den momentanen Augenblick. Sie sind ganz gegenwärtig. Sie vermitteln den Eindruck, dass sie alle Zeit der Welt haben. Weil sie die Endlichkeit ihrer Zeit zulassen, sind sie gelassen, lassen sie die Zeit sein, was sie ist: ein Geschenk Gottes an den Menschen.

Die erste und die zweite Lebenshälfte

Der französische Moralist Jean de La Brugere hat einmal gesagt: „Die meisten Menschen leben die erste Hälfte ihres Lebens so, dass die zweite Hälfte nur noch schwieriger wird." Da ist etwas dran. Wie wir das Alter erleben, das hängt immer davon ab, wie wir bisher gelebt haben. Wer in der ersten Lebenshälfte nur das Äußere kennt, nur Geldverdienen, Arbeiten, ein Haus bauen, der wird sich in der zweiten Lebenshälfte schwer tun, wenn das, was bisher sein Leben ausgemacht hat, wegfällt. Im Alter kann man nicht weiterhin Häuser bauen. Da kann man sich nicht mehr von der Arbeit definieren. Da zeigt sich, worauf ich mein Lebenshaus gebaut habe.

C. G. Jung bringt noch einen anderen Aspekt, warum sich Menschen die zweite Lebenshälfte erschweren. Wer in der ersten Lebenshälfte nicht gelernt hat, zu kämpfen, an sich zu arbeiten, sich in die Konflikte des Lebens einzulassen, der tut sich schwer, in der zweiten Lebenshälfte gelassen zu werden. Wer nicht wirklich gelebt hat, der kann auch sich und sein Leben nicht loslassen. Er hat nichts, was er loslassen kann. Das Loslassen macht ihm Angst. Denn dann hat er nichts in der Hand. Er hat nichts anderes als das Äußere. Den inneren Reichtum hat er vernachlässigt. Wenn der äußere Reichtum ihm genommen wird, steht er arm da. Davor haben viele Menschen

Angst. Und so verbringen sie die zweite Lebenshälfte damit, krampfhaft an ihrem Besitz festzuhalten, krampfhaft die Zeit auszufüllen, damit sie ihre eigene Bedeutsamkeit vor aller Welt beweisen. Sie stehen immer unter Druck, sich und ihre Lebendigkeit und ihre Wichtigkeit zu beweisen. Weil sie nicht wirklich leben, müssen sie etwas vorweisen, um zu beweisen, dass sie noch am Leben sind, dass mit ihnen noch zu rechnen ist.

Wer zu seinem Alter steht, der bleibt lebendig

Sich als Erwachsener zu verkleiden macht noch keinen Erwachsenen. Sich als Jugendlicher zu verkleiden macht nicht jung. Offensichtlich gibt es Menschen, die sich schwer tun, sich ihrer jeweiligen Lebensphase und ihrer Wahrheit zu stellen. Wir beobachten heute einen Jugendwahn. Auch manche alte Menschen verfallen diesem Wahn. Sie lassen sich von den Erwartungen der anderen bestimmen. Sie meinen, sie wären von der Gesellschaft nur akzeptiert, wenn sie jung und dynamisch aussehen. C. G. Jung nennt das eine Pervertierung des Menschseins. Man vergisst den Wert des Alters und möchte ewig jung bleiben. Doch dann reift man nicht, dann wird man nicht weise. Man lebt ständig gegen seine eigene Natur. Denn ob man will oder nicht, man wird doch älter.

In einer Zeitung war kürzlich zu lesen, dass die Schönheitsoperationen in den USA in den letzten 10 Jahren um 450 % gestiegen sind. Im Jahre 2007 wurden in den Vereinigten Staaten 11,7 Millionen medizinische Kosmetikbehandlungen vorgenommen. Auch Männer unterziehen sich zunehmend solchen Operationen. Hintergrund dieser Tendenz: Falten und Tränensäcke kann man sich im Beruf nicht mehr leisten. Nur wer jung und hübsch ist, hat Aussicht auf Erfolg. Hier werden Werte wie Erfolg und Jugendlichkeit absolut gesetzt. Die wahren Werte des Menschseins, seine Würde, seine Weisheit, seine Menschlichkeit zählen nicht mehr. Aber wer sich diesem Diktat der Jugendlichkeit beugt, verbiegt sich selbst. Er lebt als ein Gehetzter. Denn ständig hetzt er seinem jugendlichen Aussehen nach, das auch bei noch so vielen Operationen nicht festzuhalten ist. Jemand hat angesichts der hochgeschminkten Alten einmal gesagt, das sei „Kriegsbemalung" – weil sie das Alter als ihren Feind ansehen.

Wer sich als jugendlich verkleidet, wird deshalb nicht jung. Im Gegenteil, er unterwirft sich dem Diktat der Jugend. Aber er wird dabei immer älter. Er kann seine Jugendlichkeit nicht bewahren. Er könnte das, indem er gerne alt wird. Er läuft ihr vielmehr hinterher, weil er nicht alt werden will. Wer zu seinem Alter steht, der bleibt lebendig. Und Lebendigkeit ist das eigentliche Kennzeichen von Jugendlichkeit. Der Psalmist lobt solch einen Alten, indem er sagt, dass sein Baum frisch bleibt und ständig Frucht bringt. Aber es ist für den alttestamentlichen Weisen kein Alter, der die Jugend kopiert, sondern einer, der im Gesetz des Herrn meditiert, der sich also auf die Aufgabe des Alters einlässt und sich Zeit nimmt zur Stille und Meditation. Wer so lebt, bleibt letztlich lebendig. Er verfolgt wach das Zeitgeschehen und hat etwas zu sagen. Er muss sich nicht beweisen. Gerade in seiner inneren Freiheit allen Erwartungen gegenüber bleibt er innerlich jung und lebendig.

Innere Jugend – eine Frage der Haltung

Es gibt geistig unbewegliche jüngere Menschen. Und es gibt alte Menschen, die voller Hoffnung, Begeisterung und innerem Leben und Schwung sind. Es gibt eine innere Jugend. Diese innere Jugend ist eine Haltung des Menschen. Sie zeigt sich in innerer Beweglichkeit, in Lebendigkeit, Wachheit und Offenheit. Auch Begeisterungsfähigkeit gehört zur Jugend. Wer sich schon als junger Mensch für nichts begeistern kann, wer einfach nur so dahinlebt und nur dem Konsum verfallen ist, der lebt nicht wirklich, den kann man nicht als jung bezeichnen, auch wenn er achtzehn ist. Denn jung sein hat mit Frische und Lebendigkeit zu tun. Wir alle werden älter. Und jeder erlebt das Älterwerden anders. Jeder lebt es auch anders. Der eine freut sich, dass er schon älter ist. Der andere versteckt am liebsten sein Alter. Auch da ist es wichtig, dass wir unser Älterwerden akzeptieren und mit den Jahren wachsen. Seit 18 Jahren arbeite ich im Recollectiohaus, in das Priester und Ordensleute kommen, die ausgebrannt sind oder einfach etwas für ihre innere Regeneration tun möchten. Bei den Vorgesprächen habe ich manchmal den Eindruck: diese Schwester ist 70 Jahre alt. Aber sie ist noch voller Vitalität und innerer Frische. Und dann kommt ein Priester, der erst 58 Jahre alt ist. Aber er wirkt alt. Wenn wir im Team über unseren Eindruck der künftigen Gäste sprechen, dann spielt das innere und äußere Alter immer eine Rolle. Wir trauen jedem Menschen in jedem Alter noch eine Wandlung zu. Aber wenn wir den Eindruck haben, jemand ist innerlich alt und unbeweglich, dann tun wir uns schwerer mit der Hoffnung, dass er wieder zum Leben kommt. Oft macht es uns traurig, wenn ein Mensch so frühzeitig altert. Vielleicht hat dieser Mann oder diese Frau selbst die Hoffnung aufgegeben. Er hat keine Träume mehr. Er lässt sich nicht mehr begeistern. Es ist keine Glut mehr in ihm, die brennt und auch andere wärmt. Von solchen Menschen geht etwas Niederdrückendes aus.

„Man ist so alt wie man sich fühlt", heißt ein oft gehörtes Wort. Es bezieht sich auf die innere Jugend. Wenn sich alles schwer anfühlt, wenn ich Angst habe vor allem Neuen, dann bin ich „alt", ganz gleich, in welchem Lebensalter ich gerade stehe. Das Wort darf aber nicht das konkrete Alter ausblenden. Ich darf mit siebzig Jahren nicht so tun, als ob ich noch dreißig wäre, aber ich kann mich mit siebzig Jahren durchaus noch innerlich jung fühlen. Ich bin offen für das, was das Leben noch bietet. Ich bin interessiert. Ich lese viel und unterhalte mich gerne, weil mich das Leben der Menschen interessiert. Diese Offenheit sollen wir uns in jedem Lebensalter bewahren. Wie hat der alte Albert Schweitzer geschrieben: „So lange die Botschaften der Schönheit, Freude, Kühnheit und Größe dein Herz erreichen, solange bist du jung."

Älterwerden heißt immer auch: neu anfangen

„Man muss sich immerfort verändern, erneuern, verjüngen, um nicht zu verstocken". Das hat der 80-jäh-
rige Goethe gesagt. Goethe war offensichtlich innerlich nicht stehen geblieben, sondern hat am Leben
teilgenommen, aber auf andere Weise als in seinen
jungen Jahren. Mit Verjüngen meint auch Goethe
nicht, dass er sich den Jungen anpassen sollte. Verjüngen bedeutet vielmehr, sich immer wieder an die
innere Quelle erinnern, die in einem fließt. Die innere Quelle, letztlich die Quelle des Heiligen Geistes,
strömt ständig in uns. Sie erneuert alles in uns. Wir
brauchen diesen erneuernden Geist Gottes in uns,
um lebendig bleiben zu können. Wer sich nicht ver-
jüngt, der verstockt. Er erstarrt innerlich. Er wird
steif wie ein Stock. Alle Lebendigkeit und Beweglichkeit ist aus ihm gewichen. Das ist eine Verfälschung
des Lebens.

Auf der einen Seite beenden wir mit dem Alter eine
aktive Phase. Aber diese Beendigung ist nur bei denen ganz klar, die durch eine Pensionierung von ihrer
Arbeit entbunden werden. Bei vielen anderen ist es
ein fließender Übergang vom aktiven Dasein zum
mehr beschaulichen Dasein. Alter ist nie nur Beendi-
gen eines früheren Zustandes. Es ist immer auch ein
Neuanfang. Es gibt Neues zu erfahren und zu erleben, Neues zu lernen und zu entdecken an sich

selbst, an den Menschen seiner Umgebung und in der Welt. Aber diesen bewussten Anfang kann nur der setzen, der bereit ist, sich von dem bisher Gelebten zu verabschieden. Wenn der Pensionär nur seiner Arbeit und seiner Bedeutung, die er in der Arbeit hatte, nachtrauert, wird er verstocken und erstarren. Nur wenn er die Arbeit loslässt, wird er sich mit neuem Schwung dem zuwenden, was ihn erwartet. Das kann durchaus auch eine neue Tätigkeit sein. Aber vor allem ist es der Prozess der Reifung, der im Alter eine neue Form annimmt. Gerade weil der alte Mensch weiß, dass sein Leben endlich ist, ist es seine Aufgabe, bis zuletzt lebendig zu bleiben, bewusst am Leben Anteil zu nehmen und innerlich offen zu sein für alles, was sich ihm täglich darbietet. Wenn jedem Anfang „ein Zauber" innewohnt, wie Hesse in seinem Stufengedicht sagt, dann gilt das für das ganze Leben, bis zuletzt.

Menschliche Reife: Erwachsener werden und sich eine kindliche Seele bewahren

Papst Gregor der Große erzählt in der Lebensbeschreibung des hl. Benedikt etwas, was zunächst seltsam anmutet. Benedikt habe schon von früher Jugend an das Herz eines reifen Mannes gehabt: ein „cor senile", „ein altes Herz". Papst Gregor meint mit diesem eigenartigen Ausdruck nicht, dass Benedikt schon in seiner Jugend „senil" gewesen sei, also innerlich erstarrt. Vielmehr können wir dieses Wort nur verstehen, wenn wir die Wertschätzung des Alters bei den Römern berücksichtigen. So sagt Cicero in seinem Buch „Über das Alter": „Die größten Staaten sind durch die Jungen ins Wanken gebracht, durch die Alten gestützt und wieder aufgerichtet worden." Als junger Mensch das Herz eines Alten in sich tragen meint also, dass Benedikt schon als Kind voller Weisheit war, dass er ein inneres Wissen in sich hatte, das durch das Oberflächliche hindurch das eigentliche Wesen der Dinge erkannt hat.

Kindheit und Alter sind also nicht nur als Pole des Lebens oder gar als Gegensätze zu verstehen. Beide Lebensphasen verkörpern Aspekte des Menschseins oder repräsentieren etwas, das zur Menschlichkeit dazugehört. Jesus fordert uns, also auch und gerade die älter Werdenden, auf, wie die Kinder zu werden. Denn nur wer das Himmelreich annimmt wie ein

Kind, wird hineingelangen. (Vgl. Mk 10,15) Die Haltung des Kindes meint die Offenheit. Gott ist der immer neue, der unser Leben erneuern möchte. Himmelreich bedeutet, dass Gott in uns herrscht und nicht die Macht oder das Geld. Wenn Gott in uns herrscht, sind wir innerlich frei und heil und ganz. Und wir kommen in Berührung mit dem ursprünglichen Bild Gottes in uns. Doch das Reich Gottes kann man nicht kaufen oder durch Leistung erwerben. Es braucht die Haltung des Kindes, das sich beschenken lässt, das sich dem Neuen, das sich Gott gegenüber öffnet.

Der alte Picasso sagt übrigens etwas ähnlich Paradoxes zur inneren Beziehung von Kindheit und Alter: „Es dauert lang, jung zu werden." In die Haltung des Kindseins oder des Jungseins – so meint Picasso mit diesem Satz wohl – muss man bewusst hineinwachsen. Und das braucht lange. Das meint, dass wir die Haltung des Kindes sehr schnell verlieren und mit anderen Haltungen überdecken. Daher müssen wir uns diese innere Lebendigkeit und Offenheit des Kindes wieder erwerben. Wir sollen nicht infantil bleiben. Dann würden wir uns nicht weiter entwickeln. Die Kunst des Lebens besteht darin, dass wir auf der einen Seite immer reifer und erwachsener werden, auf der anderen Seite aber das innere Kind in uns bewahren. Die Psychologie spricht davon, dass wir mit dem inneren Kind in Berührung kommen sollen, das eine Quelle von Inspiration und Lebendigkeit ist. Und das innere Kind hat ein Gespür für seine Einmaligkeit. „Ich bin ich. Ich bin, wer ich bin." Insofern ist es Zeichen des reifen Menschen, wenn er seine kindliche Seele bewahrt. Er bleibt dann innerlich lebendig und offen für das Geheimnis seines Lebens. In jedem Alter.

Wir sollten uns Inseln der Langsamkeit gönnen

Heute sind die Dinge etwas wert, die schnell gehen und schnell Ertrag bringen. Die Welt im Ganzen wird immer schneller. Jungsein wird meist gleichgesetzt mit Schnelligkeit, mit Flexibilität und Mobilität. Einer solchen Sicht sollten wir uns, wenn wir älter werden, aber nicht unterwerfen. Auch das Kind ist schließlich langsam. Es genießt die Langsamkeit. Wenn die Eltern es anspornen, sich schneller anzuziehen, genießt es das Kind, bewusst langsam zu sein. Es lässt sich nicht gerne hetzen. Es braucht Zeit zum Träumen und Spielen. Und auch der älter werdende Mensch wird wieder einen neuen Sinn für die Langsamkeit entdecken. Nicht umsonst ist das Buch von Sten Nadolny zum Kultbuch geworden: „Die Entdeckung der Langsamkeit". Langsamkeit ist auch Zeichen von Spiritualität. Der ältere Mensch kann es sich erlauben, wieder langsamer zu werden. Mitten im Leben stehend können wir bei der Arbeit nicht langsam sein. Sonst würden wir in kurzer Zeit unsere Stelle verlieren. Aber auch wer im Berufsleben steht, braucht den Gegenpol: die Langsamkeit. Es gibt Menschen, die die Hektik bei der Arbeit auch in ihre Familien bringen. Sie sind kein Segen für ihre Familie. Die Kinder wollen nicht die Hektik des Vaters oder der Mutter, wenn sie gestresst von der Arbeit nach Hause kommen. Was sie sich wünschen und was sie brauchen, ist ihre Präsenz. Sie möchten, dass die Eltern sich Zeit für sie nehmen. So besteht die Kunst des Lebens darin, im Blick auf die beruflichen Anforderungen durchaus schnell und effektiv zu arbeiten, aber immer auch langsame Zeiten zu haben, in denen man sich Zeit lässt, in denen man einfach nur füreinander *da* ist oder auch die Langsamkeit der Bewegungen genießt. Die Zeit des Betens oder des Gottesdienst dient seit jeher der Verlangsamung unseres Lebens. Nicht erst im Alter, sondern mitten in der Schnelligkeit des Lebens sollten wir uns daher Inseln der Verlangsamung gönnen.

2. Leben ist Wandel – von Anfang an

Jedes Leben wandelt sich. C. G. Jung meint, wer sich der Wandlung verweigere, der erstarre innerlich. Lebendig bleibt nur der, der bereit ist, sich zu wandeln. Das Leben selber verwandelt uns, wenn wir uns darauf einlassen. Und jedes Alter stellt seine eigene Aufgabe. Der junge Mensch muss sich seinen Stand im Leben erkämpfen. C. G. Jung warnt davor, in der Jugend schon zu sehr auf spirituelle Werte abzuheben. Das sei oft ein Ausweichen vor den Herausforderungen der Jugend. Aufgabe des reiferen Alters jedoch sei es, die Persönlichkeitswerte zu entwickeln. So schreibt Jung: „Umgekehrt ist das übertriebene Zurücksehen des reiferen Alters nach den sexuellen Werten der Jugend ein kurzsichtiges und öfters feiges und bequemes Ausweichen vor der Kulturpflicht der Anerkennung der Persönlichkeitswerte und vor der von ihr geforderten Unterwerfung unter die Hierarchie der Kulturwerte. Der junge Neurotiker hat Angst vor der Erweiterung seiner Lebenspflichten, der alte vor der Verengung und Einschränkung der gewonnenen Lebensgüter."

Nicht stehen zu bleiben auf unserer Lebensreise, nicht zu erstarren, sondern immer wieder neu anzufangen, in diesem Wechsel von Abschied und Neubeginn dem Ruf des Lebens zu folgen und so in eine immer größere Weite zu gelangen, das gehört zu dieser Kunst der Wandlung. Hermann Hesse hat sie in seinem berühmten Stufen-Gedicht beschrieben:

„Es muß das Herz bei jedem Lebensrufe
Bereit zum Abschied sein und Neubeginne,
Um sich in Tapferkeit und ohne Trauern in andre,
neue Bindungen zu geben.
Und jedem Anfang wohnt ein Zauber inne,
der uns beschützt und der uns hilft zu leben."

Wer zu einer solchen Wandlung bereit ist, der wird auch die jugendliche Lebendigkeit in sich bewahren, auch wenn er an Lebensjahren älter wird. Auf der einen Seite geht es darum, dass der junge Mensch sich den Aufgaben der Jugend stellt und der alte Mensch den Anforderungen des Älterwerdens.

Von der Notwendigkeit, dass auch der alte Mensch die innere Jugend bewahrt, schreibt auch Albert Schweitzer: „Bewahre dein Alter, die Jugend ist nicht nur ein Lebensabschnitt. Jugend ist ein Geisteszustand, sie ist Schwung des Willens, Wegsamkeit der Fantasie, Stärke der Gefühle, Sieg des Mutes über Feigheit, Triumph der Abenteuerlust über die Trägheit. Niemand wird alt, weil er eine Anzahl

Jahre hinter sich gebracht hat. Man wird nur alt, wenn man seinen Idealen Lebwohl sagt. Mit den Jahren runzelt die Haut, mit dem Verzicht auf die Begeisterung aber runzelt die Seele. Du bist so jung wie deine Zuversicht, so alt wie deine Zweifel. So jung wie dein Selbstvertrauen, so alt wie deine Furcht. So jung wie deine Hoffnungen, so alt wie deine Verzagtheit."

So geht es beim Älterwerden nicht um ein Erstarren, sondern um eine ständige Verwandlung. Das Ziel der Verwandlung ist, dass das Eigentliche durch das Uneigentliche hindurchscheint, dass das Ursprüngliche sich zeigt und all das Sekundäre, was sich über das ursprüngliche Bild Gottes gelegt hat, zurückweicht. Verwandlung geschieht, ob wir wollen oder nicht. Aber es geht auch darum, dass wir einverstanden sind mit dem inneren Prozess der Verwandlung. Sonst verbrauchen wir zu viel Energie, um den alten Status aufrecht zu erhalten. Doch diese Energie fehlt uns dann zum Leben. Nur wer bereit ist, sich ständig zu wandeln, der bleibt innerlich jung und lebendig, obwohl er nach außen immer älter wird und auch zu diesem Älterwerden steht. Wer die Verwandlung verweigert, der erstarrt, der wird schon als junger Mensch innerlich alt.

Wer möchte noch mal zwanzig sein?

Kinder haben Jugendlichen gegenüber ein gespaltenes Verhältnis. Auf der einen Seite wollen sie auch so groß und stark sein wie die jungen Männer, die sie faszinieren. Sie wollen so schön aussehen wie die jungen Frauen. Auf der anderen Seite wollen sie auch Kind bleiben. Wenn sie sich in ihrem Kindsein wohl fühlen, dann betrachten sie die Jugendlichen als alt. Dann spotten sie über sie, um sich in ihrer eigenen Identität zu stärken.

„Ich möchte nicht mehr zwanzig sein!", sagen die einen, die die Schwierigkeiten, unter denen junge Menschen aufwachsen, sehen. Andere trauern gerade dieser Zeit der Jugend nostalgisch nach. Wer sagt, er möchte nicht mehr zwanzig sein, drückt damit seine Zufriedenheit mit seinem jetzigen Alter aus. Er ist froh, dass er manche Unreife hinter sich gelassen hat. Er hat es nicht mehr nötig, anderen zu imponieren. Er ist gerne so alt, wie er ist. Er hat die Vorteile seines Alters erfahren: seine Gelassenheit, seine Reife, seine Erfahrung. Er hat es nicht mehr nötig, sich zu beweisen. Er hat sich und der Welt schon bewiesen, dass er etwas kann, dass er einen Wert hat. Jetzt fühlt er sich frei.

Wer dagegen seiner verflossenen Jugend nachtrauert, bekennt damit, dass er sich eigentlich von seiner Jugend her definiert. Er sieht seinen Wert nur darin, jung auszusehen, von anderen umschwärmt zu werden, bewundert zu werden. Letztlich drückt er mit seinem Nachtrauern seine eigene Unreife aus. Er ist innerlich stehen geblieben. Er ist mit dem äußeren Alter nicht mitgewachsen. Er hat sich psychisch nicht weiterentwickelt. Daher erlebt er einen Zwiespalt zwischen dem, was er ist, und dem, was er sein möchte.

Wer gerne lebt, der lebt – in der Situation, in der er sich gerade biographisch befindet – auch den Abschnitt seines Lebens gerne, in dem er jetzt steht. Er ist letztlich ein Lebenskünstler, während der, der seiner vergangenen Jugend nachweint, nicht wirklich zu leben versteht.

Sein Alter akzeptieren heißt, seinem Alter entsprechend leben

Wie stellt man fest, dass man älter wird, wie, ob man alt ist? Ein äußeres Merkmal, dass ich älter werde, ist sicher das Geburtsdatum. Das soll ich nicht überspringen. Aber ob ich mich mit so und soviel Jahren schon alt fühle, ist etwas anderes. Ich gestehe mir ein, dass ich nicht mehr fünfzig bin. Der erste Schritt besteht also darin, es mir bewusst zu machen, wie alt ich bin. In mir kommen dann unwillkürlich Erinnerungen und Vergleiche hoch. Als mein Vater 65 war, was hat er da noch getan, wie habe ich ihn da erlebt? Oder wenn ich meine Mitbrüder anschaue, die jetzt 70 und 80 Jahre alt sind. Wie haben sie in meinem Alter gelebt? Dann merke ich, dass sie in diesem Alter immer noch sehr aktiv und vital waren und es auch teilweise heute noch sind.

Ein zweiter Schritt besteht darin, mir einzugestehen, dass ich älter geworden bin und nicht mehr die gleiche Kraft habe wie früher. Ich kann immer noch mit dem Auto zu Vorträgen fahren. Ich habe immer noch Lust zum Bücherschreiben. Manchmal habe ich sogar den Eindruck, dass ich mehr arbeite als früher. Aber ich muss mit fortschreitenden Jahren auch akzeptieren, wenn der Körper mir Signale sendet, die ich früher so nicht kannte. Wenn ich mich nachts beim Heimfahren müde fühle, oder wenn ich Angst vor einer weiten Fahrt im Winter habe, dann merke ich, dass ich die Impulse meines Leibes und meiner

Seele ernst nehmen muss. Ich muss mir eingestehen, dass das nicht alles immer so weiter geht, dass mir das Alter auch Grenzen setzt, die ich akzeptieren muss. Gerade die Angst vor weiten Fahrten nehme ich nicht als etwas, das ich überwinden muss, sondern als Ausdruck meiner Seele, die mich auf mein Maß hinweisen möchte.

Das Alter zu akzeptieren heißt für mich nicht, dass ich jetzt nichts mehr kann und mich zur Ruhe setze. Es geht nur darum, meinem Alter entsprechend zu leben und mir manches einzugestehen, was nicht mehr so geht wie früher. Für manche Aufgaben habe ich nicht mehr die Spannkraft. Dafür habe ich mehr Gelassenheit und mehr Erfahrung und die Vorträge setzen mich nicht mehr unter Druck. So gleicht das Alter manches aus. Ich brauche nur ein Gespür, dass ich meinem Alter gemäß arbeite und lebe und mich auch so fühle. Ich brauche nicht den alten Greis zu mimen. Aber ich muss auch nicht die Jungen kopieren. Ich bin so alt, wie ich bin: Wenn ich das akzeptiere, bleibe ich innerlich lebendig. Aber mein Daseinsgefühl hat sich gewandelt. Ich fühle mich heute anders als vor zehn Jahren. Wie ich mich in zehn Jahren fühlen werde, weiß ich nicht. Ich nehme mir jedoch vor, nicht nur die Signale meines Körpers ernst zu nehmen, sondern auch innerlich auf mich zu hören und jeweils im Einklang mit mir zu sein. Dann, so bin ich zuversichtlich, werde ich lebendig bleiben und authentisch.

Altes lassen, damit Neues entsteht

Das Leben ist immer beides: Vergangenheit und Zukunft. Ich muss akzeptieren, dass manches vorbei ist und nicht mehr wiederholt werden kann. Meine Jugend ist vorbei. Ich kann nicht mehr die gleichen Bergtouren machen, die ich als Jugendlicher unternommen habe. Ja, ich spüre, dass ich mir nicht mehr das Gleiche zumuten kann wie noch vor fünf Jahren. Das ist ein Abschiednehmen von Vergangenem, das auch weh tut. Ich muss betrauern, dass manches vorbei ist. Doch wenn ich betrauere, dass ich manches nicht mehr kann, entdecke ich zugleich das Potential, das Gott mir geschenkt hat und das in meiner Seele bereit liegt.

Es ist nie zu spät, neu anzufangen. Mit jedem Augenblick fangen wir neu an. Auf der einen Seite muss ich akzeptieren, dass vieles in meinem Leben geworden ist, das nicht rückgängig zu machen ist. Ich bin der geworden, der ich bin. Aber wie ich auf das, was ich geworden bin, reagiere, was ich aus dem mache, was ich bin, das liegt an mir. Und das ist eine ständige Herausforderung. Anfangen heißt ja: jetzt mein Leben selbst in die Hand nehmen. Das, was mir vorgegeben ist, in die Hand nehmen und es gestalten.

Papst Leo der Große hat das Geheimnis des Weihnachtsfestes so gedeutet, dass Gott mit uns einen neuen Anfang feiert. Als Lateiner spricht er von „initium". Das lateinische Wort für Anfang meint ein „hineingehen". Die deutsche Sprache denkt an die Hände, die etwas in die Hand nehmen und gestalten. Die Lateiner denken an das Gehen. Wir gehen immer wieder neue Wege. Wenn Gott in uns geboren wird, dann fängt das Leben in uns neu an, dann gehen wir in einen neuen Bereich hinein. Wir sind nicht festgelegt durch die Vergangenheit. Wir können neue Wege gehen. Unser Leben bekommt einen neuen Glanz.

Unser Leben ist ein ständiges Sterben und Neugeborenwerden. Altes muss gelassen werden und Neues will entstehen. Altes muss absterben, damit das neue Leben zu blühen beginnt. So dürfen wir die Hoffnung nie aufgeben, dass unser Leben in die ursprüngliche Gestalt hineingelangt, die Gott sich von uns gemacht hat. Es ist nie zu spät, neu anzufangen. Aber der neue Anfang hebt die Vergangenheit nicht auf. Er formt sie nur um, er gestaltet sie so, dass das reine Bild Gottes in uns aufleuchtet. Nicht nur wir selbst können immer wieder einen neuen Anfang setzen. Gott selbst fängt mit uns neu an. Er schenkt uns sein unverbrauchtes göttliches Leben, um unser Leben zu erneuern.

Ich höre immer wieder die Klage von alten Menschen, dass ihre Lebensträume zerbrochen sind. Sie konnten ihre Lebensträume nicht verwirklichen, aus welchen Gründen auch immer. Oft ist da ein resignierender Ton in ihren Erzählungen. Das Leben ist so anders gelaufen, als sie es geplant und erhofft hatten. Ich sage dann immer, dass die ursprünglichen Lebensträume zwar nicht verwirklicht worden sind. Aber die Essenz, die in dem Lebenstraum steckte, die ist noch in ihnen. Und es ist ihre Aufgabe, *jetzt*, in diesem Augenblick, die Essenz dieses Lebenstraumes zu leben und sie zu verbinden mit dem, was sie gelebt haben. Das, was sie gelebt haben, war nicht umsonst. Das hat ihre Erfahrung bereichert. Und jetzt geht es darum, wieder an den ursprünglichen Traum heranzukommen und sich zu fragen, wie ich ihn heute leben kann. Ich kann mein Leben nicht rückgängig machen. Aber ich kann das bisher Gelebte mit dem verbinden, was in mir noch schlummert und noch nicht so zum Leben gekommen ist, wie ich mir das vorgestellt habe.

Wichtig ist es, die Krise der Lebensmitte bewusst zu erleben

Die Lebensmitte spielt eine bedeutsame Rolle in der eigenen Wahrnehmung des Älterwerdens. Es kann für jeden eine andere Erfahrung sein. Für den einen ist es ein erschrecktes Innehalten, das mit Angst erfüllt ist und auf die eigene Endlichkeit, auf die Begrenztheit der Zeit hinweist. Für andere ist sie eher ein positives Innehalten, das in einer Art Rück- und Vorblick den Sinn des Ganzen bewusst macht.

C. G. Jung hat die Lebensmitte als entscheidende Phase im menschlichen Leben überhaupt gesehen. Unsere biologische Lebenslinie ist wie ein Halbkreis. In der Lebensmitte ist sie am Höhepunkt angekommen. Wer das nicht wahrhaben will, dessen psychologische Lebenslinie wird nach unten einknicken. Nur wer sich damit aussöhnt, dass seine biologische Lebenslinie abnimmt, der wird psychologisch reifer, dessen psychologische Lebenslinie wird weiter nach oben zeigen. In der Lebensmitte beginnt ein Paradigmenwechsel. Es geht nicht mehr darum, nach außen noch mehr zu erreichen. Die Seele meldet sich in Träumen oder auch in psychosomatischen Beschwerden zu Wort und zeigt, dass wir uns der inneren Welt zuwenden sollen. Wer diesen Weg nach innen verweigert, der wird immer rastloser. Er verdrängt die Regungen seiner Seele, indem er sich ganz und gar auf die Arbeit verlagert oder indem er auf einmal konservativ wird und die äußeren Normen absolut setzt. Das vorschriftsmäße Benehmen wird zum „Ersatz für die geistige Wandlung".

In der Lebensmitte müssen wir uns mit den bisher verdrängten Schattenseiten auseinandersetzen. Das, was sich in der Seele tut, will beachtet werden. Der Weg geht mehr nach innen und nicht mehr nur nach außen. Wer diesen Richtungswechsel in der Lebensmitte überspringt, der bleibt innerlich stehen. Er verkrampft sich immer mehr. Und er tut sich schwer damit, älter zu werden. Er möchte an seiner Jugend festhalten und bleibt innerlich stehen. Es entwickelt sich nichts mehr in ihm. Daher ist die bewusst erlebte Krise der Lebensmitte die Bedingung, dass wir in guter Weise alt werden können und uns den Themen stellen, die das Älterwerden mit sich bringt.

Das Ausscheiden aus dem Arbeitsleben – ein bedeutsamer Einschnitt

Wenn für einen Menschen von einem Tag auf den anderen Beruf, Firma, Karriere, Leistung, Verantwortung für andere keine Rolle mehr spielen, kann das zur Lebenskrise werden. Das Ausscheiden aus dem Beruf ist also ein radikaler Einschnitt im Prozess des Älterwerdens. Viele trifft dieser Schnitt völlig unvorbereitet. Sie haben sich nur vom Beruf her definiert. Jetzt fühlen sie sich als Nichts. Da ist einmal das verunsicherte Selbstwertgefühl. Manche trauen sich gar nicht zu sagen, dass sie schon pensioniert sind. Denn sie können mit der neuen Rolle noch nicht umgehen. Sie ist ihnen noch fremd. Bei anderen gerät das Leben durcheinander. Sie verlieren den Rhythmus und den Sinn in ihrem Leben. Manche fangen das Trinken an, weil sie mit der leeren Zeit nicht umgehen können. Es ist unsere Aufgabe, uns auf diesen Einschnitt vorzubereiten. Eine wichtige Vorbereitung ist, dass wir uns bereits jetzt nicht allein vom Beruf her definieren, dass wir nicht aufgehen in der Rolle, die der Beruf uns gibt, in der Rolle des Lehrers, des Arztes, des Polizisten, des Abteilungsleiters. Wer sich nur von einer bestimmten Funktion her definiert, der verliert sich selbst, wenn dieses Gerüst wegfällt. Es gibt uns zwar eine gewisse Sicherheit. Aber wir sollten schon, während wir bestimmte Rollen zu spielen haben, eine innere Distanz dazu aufbauen. Wir dürfen nicht in der Rolle aufgehen. Daheim in der Familie spielen wir eine andere Rolle. Auch in der Freizeit fällt uns eine andere Rolle zu. Wer sich daran gewöhnt hat, nicht nur in einem einzigen Bezug zu leben, sondern ganz bewusst verschiedene Rollen zu spielen, tut sich leichter, wenn etwa der Beruf oder ein bestimmtes Amt wegfällt.

Eine andere Weise der Vorbereitung wäre, sich schon als Berufstätiger einige Hobbys zuzulegen. Das kann das Lesen sein, Musizieren, die Pflege des Gartens oder Wandern. Dann werden wir uns darauf freuen, Zeit für unsere Hobbys zu haben. Oder wir fragen uns, wo wir uns engagieren und etwas Sinnvolles für andere tun können, in ehrenamtlichen Tätigkeiten: sei es Mitarbeit in der Gemeinde oder das Engagement für einen Verein oder für bestimmte Projekte in der Kommune, in der ich lebe, oder auch weltweite Projekte wie der Naturschutz oder der Einsatz für Flüchtlinge oder Migranten.

Letztlich ist es auch eine spirituelle Herausforderung, sich auf den sogenannten Ruhestand vorzubereiten. Ich frage mich, was ich eigentlich aus meinem Leben machen und welchen Sinn ich ihm geben möchte. Da kommen Grundfragen hoch wie: Wer bin ich eigentlich? Worauf setze ich? Wohin gehe ich? Woher definiere ich mich? All diese Fragen führen mich letztlich auf den eigentlichen Grund meines Lebens, der trägt, auch wenn das Fundament der Arbeit und der beruflichen Rolle wegfällt.

Wer Lust hat, soll bis ins hohe Alter arbeiten können

Die Zürcher Journalistin Klara Obermüller hat ein aufschlussreiches Buch über die Zäsur des Ruhestandes geschrieben. Ihre Erfahrung gilt wohl nicht nur für sie: Obwohl sie gedacht hatte, sie hätte sich auf den Ruhestand vorbereitet, traf sie dieser Einschnitt in ihrem Leben doch großenteils unvorbereitet. Ihre Stimmung wurde eher depressiv. Ihre Reaktion: Sie hat die Leere, die jetzt entstand, mit Arbeit zugeschüttet. Das Schwierigste an der Erfahrung der Pensionierung war für sie, dass sie nicht mehr dort war, wo Entscheidungen fallen. Sie konnte nicht mehr mit bestimmen und gestalten.

Wie geht man mit einer solchen Erfahrung um? Klara Obermüller plädiert dafür, dass man solange arbeiten solle, wie man Lust hat. Allerdings sollte man, so meint sie, seine eigenen Grenzen gut kennen und beachten. Man sollte ein Gespür dafür entwickeln, wann es genug ist mit der Arbeit. Und sie stellt die skeptische Frage: „Wann stelle ich fest, dass ich nachlasse, dass meine Arbeit nicht mehr das Niveau hat, das ich oder die Leute von mir erwarten? Und wer sagt es mir dann? Das ist ein Problem, das mich sehr beschäftigt."

Wir sollten heute sicher fließendere Grenzen zwischen Arbeit und Pensionierung schaffen. In unse-

rem Kloster machen wir die Erfahrung, dass die Mitbrüder arbeiten können, solange sie wollen. Doch irgendwann gibt es den Zeitpunkt, wo es ihnen schwer
fällt, sich einzugestehen, dass sie die Arbeit nicht
mehr machen können, sei es weil die Augen nachlassen oder weil die Hände nicht mehr so geschickt
sind. Wenn einer sich dann nur von der Arbeit her
definiert hat, tut er sich schwer, sich auf etwas anderes einzulassen. Auch für die Umgebung wird es
dann immer schwieriger, richtig damit umzugehen.

Jede Lebensphase hat ihre eigene Herausforderung

In der Kindheit geht es darum, sich dem Leben anzuvertrauen, Vertrauen zu Vater und Mutter und dadurch zum Leben überhaupt und zu den Menschen zu gewinnen. In der Jugend ist es unsere Aufgabe, die eigene Identität zu entwickeln und sich auszustrecken nach etwas, das größer ist als wir selbst. Wir brauchen als Jugendliche Vorbilder und Ideale, um unsere eigenen Kräfte zu entfalten und unseren Stand im Leben zu finden. Der Erwachsene hat die Aufgabe, Frucht zu bringen, einmal in der Familie, die er gründet, und in den Kindern, die er bekommt, zum anderen in dem Werk, das er vollbringt. In der Lebensmitte gibt es eine Neuorientierung. Der Weg geht von außen langsam nach innen. Ich brauche einen neuen Sinn in meinem Leben. Der kann nicht mehr nur im äußeren Aufbau bestehen. So gilt es, ab der Lebensmitte sich mit dem Älterwerden und Sterben auseinander zu setzen und Zugang zum eigenen Innern zu finden. Im Alter geht es dann darum, das Werk loszulassen, das man aufgebaut hat, Beziehungen loszulassen, die eigenen Kräfte, die Macht und den Einfluss loszulassen, die man hatte, damit das Neue des Alters sich entfalten kann. Diese Neuheit des Alters besteht in der Weisheit, Milde, Gelassenheit und Freiheit.

Das Alter selber hat wiederum verschiedene Phasen. In der Phase der Pensionierung geht es darum, die Arbeit und die Bedeutung, die man in der Arbeit hatte, loszulassen und sich etwas Neues aufzubauen. Pensionäre sind ja oft noch rüstig. Sie sollen sich Aufgaben suchen, für die sie sich engagieren können. Die zweite Phase beginnt bei jedem zu einem anderen Zeitpunkt, beim einen mit 70, beim anderen mit 75, beim Nächsten erst mit 80. Man spürt, dass man sich auch von den neuen Aufgaben zurückziehen muss, weil man sie nicht mehr zufriedenstellend leisten kann oder weil andere Schritte fällig sind, Schritte nach innen, in die Stille, in das bloße Sein. Und schließlich gibt es die dritte Phase, in der man möglicherweise die Krankheit akzeptiert und durchleidet bis zum Tod. Auch diese Phase sieht bei jedem anders aus. Dem einen ist eine längere Krankheit erspart. Er geht ziemlich schnell von der Aktivität in die Passivität und in den Tod über. Bei anderen tritt eine Phase körperlicher oder aber auch geistiger Hilflosigkeit dazwischen. Solche Phasen in guter Weise zu bewältigen ist eine eigene Aufgabe. Und dazu kann gehören, selbst unsere Selbstverfügung und Selbstbestimmung loszulassen, unser Bewusstsein aufzugeben, damit wir ohne allen äußeren Schein in die Tiefe unserer Seele gelangen, fern von allem, was wir noch kommunizieren können.

Jede Phase hat ihre eigenen Ängste, ihre eigenen Hoffnungen

Jedes Alter kennt seine eigene Herausforderung. Jedes Alter kennt aber auch seine spezifischen Ängste und Hoffnungen. Kinder haben Angst vor dem, was sie bedroht. Sie haben Angst vor dem Unbekannten, das ihnen in der Nacht im Traum begegnet. Und sie haben Angst vor Menschen, die sie laut anschreien oder die bedrohlich auf sie wirken. Aber Kinder leben auch in der Hoffnung, dass ihr Leben gelingen wird, dass Gott sie schützt und dass er ihnen eine besondere Aufgabe zugedacht hat. Jugendliche haben oft Angst vor der Zukunft, dass sie das Leben nicht schaffen, dass sie in der Ausbildung nicht so gut abschneiden, dass sie nicht die Arbeit bekommen, die sie erfüllt. Und Jugendliche haben die Hoffnung, dass sie das Leben meistern werden, dass sie ihre Lebensträume erfüllen werden, dass ihr Leben einen Sinn hat.

Die Menschen mittleren Alters leben in der Angst, dass das Leben an ihnen vorbei gegangen ist. Sie fragen sich, ob das schon alles war, was sie bisher gelebt haben. Und sie haben Angst, durch das, was in ihrer Seele an Turbulenzen hochkommt, aus ihrer Bahn geworfen zu werden. Zugleich hoffen sie, dass sie neu einen Sinn in ihrem Leben finden, um dessentwillen es sich lohnt, weiter zu kämpfen und weiter zu arbeiten. Das höhere Alter hat Angst vor den eigenen Grenzen, vor der Hilflosigkeit, vor der Bedeutungslosigkeit, vor der Einsamkeit, vor der Krankheit, die sie zum Pflegefall werden lässt. Alte Menschen haben Angst, anderen zu Last zu fallen. Und doch hoffen sie darauf, dass sie ihr Leben in guter Weise abrunden können, dass sie bis zuletzt geistig wach bleiben, dass sie in ihrem Alter zum Segen werden für ihre Familien und dass Gott ihnen einen gnädigen Tod schenken möge.

Nur wer sich seiner Wahrheit stellt, wird heil und ganz

„Erwarte das Alter/diese heilsame Zeit/ die hart genug ist/dich neu auszumessen", heißt es in einem Gedicht von Wilhelm Gössmann. Ja, das Alter kann eine heilsame Zeit sein. Aber sie ist es nicht auf den ersten Blick. Auf den ersten Blick sehen wir im Alter mehr das Harte, das Abnehmen der Kräfte und die Krankheiten und Beschwerden, die immer häufiger auftreten. Doch Wilhelm Gössmann nennt das Harte des Alters das, was uns neu ausmisst. Wenn wir im Alter den Begrenzungen unseres Lebens begegnen, werden wir neu ausgemessen. Es wird deutlich, was uns wirklich gemäß ist. Unsere Wahrheit wird sichtbar. Der eigenen Wahrheit zu begegnen, ist oft genug schmerzlich. Dennoch ist es auch heilsam. Nur wer sich seiner Wahrheit stellt, wird heil und ganz – in jedem Alter.

Eine Begrenzung des Alters ist die eigene Einsamkeit. Auch sie hat den Sinn, uns mit der eigenen Wahrheit zu konfrontieren. Anstatt uns abzulenken, sollen wir in der Einsamkeit uns selbst erkennen und uns Gott hinhalten, damit im Lichte Gottes offenbar wird, was in uns ist. Die frühen Mönche bringen die eigene Wahrheit mit der Demut in Beziehung. Demut bedeutet, den Mut zu haben, in die Tiefen der eigenen Seele hinabzusteigen, um die Wahrheit meiner Seele zu entdecken. Indem ich in die Abgründe meiner Seele hinabsteige, erkenne ich, was alles in mir liegt. Ich lerne mich in allen Dimensionen meines Seins kennen. Das ist das neue Ausmessen, das die heilsame Zeit des Alters an uns vollzieht, wenn wir bewusst auf das Alter warten, wenn wir uns bewusst darauf einstellen, dass wir älter werden.

Immer mehr durchlässig werden für den Glanz unserer Seele

Was ist das Ziel unseres Weitergehens auf dem eigenen Lebensweg? Das Ziel unseres Wachsens und Reifens ist, dass wir immer mehr in das ursprüngliche und unverfälschte Bild hineingelangen, das Gott sich von jedem von uns gemacht hat. Sich zu wandeln und sich immer mehr selbst zu entdecken, immer mehr so zu leben, dass das Eigentliche durchbrechen kann durch das Uneigentliche, das Echte durch den Schein und so zu innerer Lebendigkeit und Echtheit zu kommen – das ist gemeint, wenn ich von diesem ursprünglichen Bild spreche. Dieses Bild ist oft genug verdunkelt durch die Erwartungen, die die Eltern oder die Lehrer und Erzieher an uns hatten, oder aber durch die Bilder, die wir uns selbst gemacht haben, durch die Bilder unseres Ehrgeizes, unserer Größenphantasien oder aber durch die Bilder unserer Selbstentwertung. Diese uns von außen übergestülpten Bilder sollen wir auf unserem Lebensweg immer mehr loslassen, damit das ursprüngliche Bild in uns klarer zum Vorschein kommt.

Es ist ganz normal, dass dieses ursprüngliche Bild sich im Lauf des Lebens mit anderen Bildern mischt. Aber unsere Aufgabe ist es, immer genauer hinzuschauen, was wirklich für uns stimmig ist, wo wir nur Erwartungen anderer erfüllen und wo wir dem gerecht werden, was Gott eigentlich von uns will. Unser wahres Wesen soll im Lauf unseres Lebens immer klarer aufscheinen. Wenn die äußeren Rollen und Masken wegfallen, kann der ursprüngliche Glanz unserer Seele aufstrahlen. Je älter wir werden, desto durchlässiger sollen wir werden für diesen wahren Glanz unserer Seele.

Verwandlung geschieht an uns

Der Wandel, den wir im Älterwerden erleben, unterscheidet sich von der Bereitschaft zu Änderung, Mobilität und Flexibilität, die wir im Beruf ständig zu beweisen hatten. Im beruflichen Leben mussten wir uns wandeln, indem wir uns an die äußeren Situationen immer wieder neu anpassen mussten. Wir mussten uns auf neue Arbeitskollegen einstellen, auf die Umstellungen im Betrieb, etwa auf die EDV, auf neue Techniken und neue Programme. Und die Familie hat uns immer wieder neu herausgefordert. Da war eine innere und äußere Beweglichkeit gefragt. Diese Flexibilität hat unser Leben sicher verwandelt. Aber die Verwandlung, die im Alter ansteht, sieht anders aus. Wir sollen uns durchaus auch anpassen an die Situation, die uns das Alter beschert. Aber es geht nicht mehr nur um äußere Wandlung, sondern um einen inneren Wandlungsprozess. Das Ziel der Verwandlung ist immer, dass das Eigentliche zum Vorschein kommt. Im Alter fällt vieles Äußere weg. Das ist die Chance, dass das innere Wesen durchscheint.

Verwandlung ist etwas anderes als Änderung. Wir mussten während unseres Lebens uns selbst immer wieder ändern. Wir mussten unsere Verhaltensweisen verändern und uns auf andere Herausforderungen einstellen. Wandlung geschieht, wenn wir sie zulassen. Das Leben wandelt uns. Das Alter wandelt uns.

Es bricht das Äußere weg, damit das Innere aufscheint. Wandlung geschieht an uns. Unsere Aufgabe ist, sie an uns geschehen zu lassen, uns auf den Prozess der Verwandlung einzulassen, damit immer mehr der Kern und die Essenz unseres Lebens zum Vorschein kommt.

Was wir beim Älterwerden lernen müssen

Mein Vater hat im Alter noch Russisch gelernt. Er konnte die Sprache nicht so sprechen, dass er sich mit einem Russen gut unterhalten konnte. Aber das Lernen hat ihn lebendig gehalten. Es hat sein Interesse an Russland und am Wesen des russischen Menschen wach gehalten. So ist es gut, wenn alte Menschen auch im Äußeren noch etwas lernen, wenn sie neue Sprachen lernen, wenn sie auf ihren Reisen neue Kulturen kennen lernen und dann auch Bücher darüber lesen. Manche alte Menschen lernen noch, auf dem Computer zu schreiben. All das sind sinnvolle Lerngelegenheiten, die den alten Menschen innerlich lebendig halten.

Doch das eigentliche Lernen bezieht sich im Alter auf andere Bereiche. Der alte Mensch muss lernen, sich selbst anzunehmen und sich auszusöhnen mit seiner Lebensgeschichte. Er muss lernen, sich selbst und seine Rollen, die er bisher gespielt hat, loszulassen. Und er muss lernen, zurückzutreten und anderen den Vortritt zu überlassen. Das sind alles Lernprozesse, die nur über ein schmerzliches Betrauern gehen, dass die vergangenen Rollen und Arbeiten vorbei sind. Durch das Betrauern dessen, was uns im Alter genommen wird, kommen wir in Berührung mit dem, was uns im Alter geschenkt wird, mit neuer Gelassenheit und Weisheit.

Wer auch im Alter noch bereit ist, zu lernen, wer sich gerne mit Menschen unterhält, um von ihnen zu erfahren, was sie bewegt, wer andere nach dem fragt, was er nicht weiß, der bleibt lebendig. Mit ihm unterhalten sich auch jüngere Menschen gerne. Denn die Fragen der Alten fordern sie heraus, klarer zu formulieren, was sie eigentlich bewegt. Die Fragen halten nicht nur die alten Menschen lebendig, sondern auch die jungen. Wer aufhört zu fragen, weil er schon alles weiß, der erstarrt. Wer nicht mehr fragt, sondern nur noch selbst von seinen vergangenen Taten erzählt, der geht anderen auf die Nerven. Das Lernen des alten Menschen hat eine andere Qualität als das Lernen der Jungen. Es ist ein dauerndes Suchen nach der Wahrheit, nach dem, was uns wirklich trägt und unserem Leben Sinn gibt. Aber es ist auch ein Interesse am Geheimnis des Lebens und der Lebenden.

Gelungen altern:
Wer authentisch lebt, wird Vorbild

Vorbilder sind vor allem für junge Menschen wichtig. Sie wecken in ihnen die Kraft, die in ihnen steckt, damit sie sie entfalten und auf ein Ziel hin konzentrieren. Doch auch der alte Mensch braucht noch Vorbilder. Gerade wenn er sich auf neue Prozesse einlässt, die er noch nicht beherrscht, braucht er Vorbilder, an denen er ablesen kann, dass ihnen das Annehmen ihres Alters und das Loslassen alter Rollen gelungen ist. Er braucht Vorbilder, die ihm den Wert des Alters vor Augen halten, die ihm zeigen, wie gelungenes Altwerden aussieht. Vielleicht lesen alte Menschen deswegen gerne Biographien. Sie möchten wissen, wie anderen Menschen das ganze Leben gelungen ist. Sie interessieren sich beim Lesen der Biographien nicht nur für die Großtaten der beschriebenen Personen, sondern gerade auch für ihre letzten Lebensjahre, wie sie mit dem Alter und dem Sterben fertig geworden sind.

Ich kann mich als alter Mann nicht hinstellen und auf mich als Vorbild verweisen. Das wäre peinlich und Ausdruck von Hochmut. Wenn alte Menschen authentisch leben und im Einklang sind mit sich selbst, dann werden sie zum Vorbild für andere. Das bedeutet nicht, dass sie nach außen hin auf einen perfekten Eindruck zielen sollten. Doch der Anspruch, Vorbild zu sein, kann uns auf den Weg führen, an uns zu arbeiten. Er weckt in uns die Verantwortung. Wir sollen uns nicht gehen lassen. Wir sollen bewusst unser Alter leben, nicht nur, damit das eigene Leben gelingt. Wenn wir unser Alter gut leben, werden wir auch zum Segen für andere. Umgekehrt, wenn wir nur verbitterte und unzufriedene Alte werden, die auf Gott und die Welt schimpfen, dann haben wir einen negativen Einfluss auf unsere Umgebung. Wir haben noch eine Aufgabe als alte Menschen, nicht indem wir viel leisten, sondern indem wir authentisch leben. Wer authentisch lebt, der ist immer ein Vorbild für andere. Manchmal kann uns dieser Anspruch, ein Vorbild für andere zu sein, helfen, uns nicht mit dem Erreichten zufrieden zu geben und innerlich stehen zu bleiben, sondern an uns zu arbeiten, innerlich weiter zu suchen und weiter zu wachsen. Wir leben nie für uns allein, auch im Alter nicht, sondern immer in Solidarität und in Verantwortung für andere. Alles, was wir für unsere eigene Entwicklung und Reifung tun, tun wir immer auch für die anderen. Dadurch schaffen wir ein Klima, in dem auch andere Lust bekommen, an sich zu arbeiten und innerlich weiter zu kommen.

Nicht an der Leistung hängt der Wert

In der beruflichen Phase erfahren viele Sinn über ihre Arbeit, ihren Beruf. Immer wieder taucht die Frage auf: Kann man im Alter weiter produktiv sein? Gehört Arbeit auch zum Alter dazu? Welche Möglichkeiten hat man, Dinge zu schaffen und sich selbst darin auszudrücken, wenn man pensioniert ist? Ist es wichtig, im Alter noch zu arbeiten und etwas zu leisten?

Vor einiger Zeit habe ich Jörg Zink besucht, um ein gemeinsames Projekt zu besprechen. Ich war tief beeindruckt von seiner Schaffenskraft im Alter. Mit seinen 86 Jahren steht er jeden Morgen um 4.00 Uhr auf und setzt sich an seinen Schreibtisch, um etwas zu schreiben. Die ersten vier Stunden des Morgens dienen ihm der kreativen Arbeit. Natürlich kann das nicht jeder alte Mensch. Aber viele geistig tätige Menschen haben bis ins hohe Alter hinein eine ungeheure Schaffenskraft bewiesen. Sie stehen nicht mehr unter dem Druck, etwas schreiben zu müssen. Aber es hält sie lebendig, ihre Gedanken zu formulieren und sich mit Themen zu beschäftigen, die die Welt heute bewegen.

Früher haben die alten Männer und Frauen in der Landwirtschaft weiter gearbeitet. Ihre Arbeit hat sich verändert. Die Großmutter hat den Haushalt gemacht, während die Bäuerin im Stall und auf dem

Feld arbeiten konnte. Der Großvater hat auf dem Hof geholfen. Er hat den Hof in Ordnung gehalten und nach Kräften weiter gearbeitet. Das war ein Segen für ihn und für den Hof. Aber die Arbeit war den Kräften des alten Menschen angemessen. Er musste nicht einfach das, was er mit 50 Jahren geleistet hat, auch im Alter noch leisten. Insofern muss sich die Arbeit im Alter wandeln. Es geht nicht mehr um Leistung, sondern um eine sinnvolle Beschäftigung, die aber mehr ist als bloße Selbstbeschäftigung. Sie muss auch anderen noch einen Nutzen bringen.

Manche Menschen haben im Alter ihre kreativen Fähigkeiten entdeckt. Da beginnt eine Frau im Alter noch mit dem Malen. Oder ein Mann richtet sich eine kleine Schreinerwerkstatt ein, um für den Haushalt noch ein paar gediegene Möbel herzustellen. Oder eine alte Frau setzt sich hin und strickt für ihre Enkelkinder Socken und Pullover. All das sind sinnvolle Beschäftigungen, die für den alten Menschen zum Segen werden, aber auch für die, für die er noch arbeitet und die die selbst gestrickten Socken ein Leben lang schätzen als Ausdruck einer Liebe, die bleibt.

Aber es gibt keine Normen für das Alter. Nicht jedem ist es gegeben, im Alter kreativ zu sein. Und wir sollten alte Menschen auch nicht verzwecken.

Wenn sie noch sinnvolle Tätigkeiten für sich finden, dann sollten die anderen sie darin unterstützen. Aber es gibt auch alte Menschen, die das Gefühl haben, genug in ihrem Leben gearbeitet zu haben. Jetzt möchten sie sich anderen Dingen zuwenden: dem Lesen, dem Musikhören, dem Reisen, der Stille. Auch das ist legitim. Wir dürfen den Wert eines alten Menschen nicht an seiner Leistung messen. Vielmehr geht es darum, ob er lebendig bleibt. Der eine bleibt lebendig, indem er auch nach außen etwas tut. Der andere bleibt lebendig, indem er am Leben interessiert ist, indem er sich weiter bildet, indem er wach die Zeit beobachtet und sich seine Gedanken macht.

Sich mit Dingen beschäftigen, die wirklichen Wert haben

„Wer rastet, der rostet": Das sagen viele, die vom „Rentnerstress" befallen sind und – kaum sind sie aus den beruflichen Pflichten und Bindungen entlassen – im sogenannten „Ruhestand" noch mehr Aktivitäten, noch heftigere Unruhe entwickeln als früher.

In jedem Sprichwort – und so auch in dem zitierten – steckt ein Körnchen Wahrheit. Wer nichts tut und sich nur ausruht auf dem Vergangenen, der kann leicht rosten, wie ein Eisen, das vom Rost befallen wird. Doch wenn sich Rentner vom Stress bestimmen lassen und ihn sogar selber suchen, dann stimmt etwas nicht mehr. Dann wollen sie sich beweisen, dass sie noch leistungsfähig sind. Dann ist ihre Arbeit zu sehr vom eigenen Ego geprägt. Da haben wir den Eindruck, dass jemand nicht loslassen kann, dass er Angst hat, nicht mehr gebraucht zu werden. Wer sich nur über seine Arbeit definiert, der weigert sich, die Schritte der Reifung zu tun, die seinem Alter angemessen sind.

Es ist sicher nicht sinnvoll, als Rentner noch mehr zu arbeiten als zuvor. Manchmal prahlen Rentner damit, was sie noch alles tun, dass sie überhaupt keine Zeit haben. Aber dieses Prahlen ist nur Zeichen einer pervertierten Welt. C. G. Jung sagt, solche Menschen würden das Wesentliche des Alters übersehen, nämlich: auf das Rauschen der Bäche zu hören und auf die leisen Impulse der Seele zu horchen. Im Alter noch mit seiner Arbeit zu prahlen ist Zeichen eines narzisstischen Menschen, der nur um sich selbst kreist und sich vor aller Welt beweisen.

Als ein siebzigjähriger Mann dem Zenmeister Karlfried Graf Dürckheim voller Stolz erzählte, dass ihm noch eine gefährliche Bergbesteigung gelungen sei, vor der sogar junge Menschen zurückschrecken, antwortete ihm der Meditationslehrer: „Das ist eine Torheit. Was hat es für einen Sinn, wenn Sie sich mit Leistungen Mut machen, die Ihr Alter bald nicht mehr zulassen wird, anstatt dass Sie sich mit Dingen beschäftigen, die bleibenden Wert haben?"

3. Körper und Gesundheit

Am eigenen Leib spüren wir den Prozess des Älterwerdens, hautnah. Dieser Prozess beginnt beim einen früher, bei anderen später. Manche Frauen genieren sich, wenn sie mit vierzig Jahren ein graues Haar in ihrer sonst dunklen Haarpracht entdecken. Oder sie erschrecken wegen ihrer Falten im Gesicht. Viele versuchen heute, die körperlichen Anzeichen des Älterwerdens durch Schönheitsoperationen zu vertuschen. Doch glücklich sind sie damit auch nicht. Wir haben oft ein Schönheitsideal von unserem Körper, das gegen unsere Natur ist. Jeder Körper ist schön, wenn das Innere durch ihn hindurch scheint. Es gibt die spezifische Schönheit der Jugend, der Lebensmitte und des Alters. Manchmal wird das Gesicht mit dem Alter noch schöner. Es wird immer durchscheinender für den Geist, oft auch für die Liebe und Milde. Wenn ein Gesicht Liebe und Milde ausstrahlt, dann schaut man es gerne an. Dann hat es seine eigene Schönheit.

Aber es geht nicht nur um die Schönheit. Das Alter zeigt uns auch, dass manches an unserem Körper verbraucht ist. Beim einen ist der Rücken der schwache Punkt. Der andere hat Probleme mit den Knien und mit dem Gehen. Manchmal nehmen die Schmerzen zu und die Ärzte sagen uns, dass sie nie mehr ganz verschwinden. Oder das Gehör lässt nach. Oder die Sehkraft. Wir müssen mit solchen Beschwerden des Leibes leben. Wir können sie nicht ignorieren. Wir dürfen aber auch nicht jammernd ständig darum kreisen. Es gilt, sich damit auszusöhnen und die eigenen Grenzen zu akzeptieren.

Doch es gibt auch heute viele alte Menschen, die sich guter Gesundheit erfreuen. Sie können dafür dankbar sein. Aber die Gesundheit darf nicht dazu verführen, die eigenen Grenzen zu übersehen und die Jungen noch mit sportlichen Leistungen übertreffen zu wollen. Wer dankbar seine Gesundheit genießt, der weiß auch, dass sie Geschenk ist, das ihm von einem Tag auf den anderen genommen werden kann. So fällt es ihm leichter, sich damit auszusöhnen, wenn der Leib ihm seine Grenzen aufzeigt.

Wenn im Alter der Leib sich zu Wort meldet, ist es auch eine Chance, bewusster mit ihm umzugehen. Ein Mann erzählte mir, er habe seinen Körper trainiert. Aber er habe ihn letztlich wie eine Maschine behandelt, die geölt und gewartet werden muss. Er hatte kein Gespür für seinen Leib und die leisen Impulse, die er ihm gab. Erst als er älter wurde und das Alter sich anmeldete, entwickelte er ein Gefühl für seinen Körper und das, was ihm sagen wollte. So kann das Alter auch eine Chance sein, bewusster mit seinem Leib umzugehen und auf seine Signale zu hören.

Schönheit kommt von Innen

Menschen, die darunter leiden, dass die Zeit, ja dass ihr Leben sich in ihrem Gesicht zeigt, kann man nur raten: Sie sollen dazu stehen, dass sie älter werden. Das Alter hat seine eigene Schönheit. Es widerspricht der Schönheit, wenn sie künstlich hergestellt ist. Ein glatt gezurrtes Gesicht eines alten Menschen wirkt eher peinlich. Solche Menschen tragen nur noch eine Maske zur Schau. Doch hinter der Maske spürt man die Leere, die einem da entgegen kommt. Da ist es ehrlicher, zu seinem Altsein zu stehen. Mein Gesicht ist immer dann schön, wenn ich ganz darin bin, wenn ich ausgesöhnt bin mit mir selbst. Das ist meine Aufgabe, ja zu sagen zu mir selbst, dankbar zu sein für das Leben. Diese innere Haltung wird dann die Schönheit bewirken. Dann wird aus meinem Gesicht etwas ausstrahlen, das den Menschen gut tut. Wir sehen es einem Menschen an, wenn er verbissen ist, unzufrieden, enttäuscht über sich selbst und über die Welt, die ihn nicht mehr so hofiert wie früher.

Altwerden ist eine spirituelle Herausforderung. Wenn ich die innere Schönheit meiner Seele entdecke, den Reichtum, der – wie Jesus sagt – in uns ist, dann werde ich auch nach außen eine gute Ausstrahlung haben. Dann ist es nicht mehr so wichtig, ob ich Falten im Gesicht habe. Entscheidend ist, ob aus meinem Gesicht Dankbarkeit, Gelassenheit und Heiterkeit strömen oder aber Gram, Unzufriedenheit, Klage und Verbitterung. Allerdings gehört zum Älterwerden durchaus, dass ich meinen Körper pflege. Es gibt alte Menschen, die die Körperpflege vernachlässigen. Sie sehen verwahrlost aus. Sie merken gar nicht, dass von ihnen ein unangenehmer Geruch ausgeht. Solche Menschen meiden wir lieber. Den Körper pflegen soll jedoch aus Liebe zum eigenen Leib geschehen. Wer gegen seinen Leib wütet und ihn gewaltsam auf jung trimmen möchte, dem wird der Leib immer wieder einen Strich durch die Rechnung machen. Er wird trotz aller Bemühungen die Spuren des Alters nicht verdecken. Wer jedoch seinen Körper liebevoll pflegt, weil er gerne in seinem Leib wohnt, der strahlt auch innere Schönheit aus.

Gesundheit kann man nicht festhalten

Die Fortschritte der Medizin haben auch die gesundheitlichen Möglichkeiten im Alter gesteigert. Es ist eine Tatsache, dass sich heute viele alte Menschen einer guten Gesundheit erfreuen. Sie können noch lange Wanderungen machen, sogar auf hohe Berge steigen. Wer so gesund ist und noch voller Kraft, soll dafür dankbar sein und es genießen. Viele haben im Alter auch weniger mit den üblichen Krankheiten, wie Erkältung und Grippe, zu tun als früher. Sie haben ihre Lebensform gefunden und sind mit sich im Einklang. Sie stehen nicht mehr unter Stress. So fallen die typischen Stresskrankheiten weg.

Wer sich auch im Alter noch seiner Gesundheit erfreuen darf, sollte Gott dankbar sein, dass er ihm ein beschwerdefreies Alter geschenkt hat. Aber niemand kann sicher damit rechnen, dass das immer so sein wird. Irgendwann können auch die Beschwerden des Alters kommen. Man sollte sie aber auch nicht herbeireden. Wer dankbar ist für seine Gesundheit, verdrängt damit keineswegs sein Alter. Das tut nur, wer die Warnsignale des Körpers nicht wahrnehmen will. Die Dankbarkeit für die eigene Gesundheit weiß auch darum, dass sie Geschenk ist, das wir nicht festhalten können, das uns vielmehr irgendwann auch aus der Hand genommen werden kann. Darauf sollen wir nicht ängstlich starren, aber nüchtern damit rechnen.

Eine achtzigjährige Frau erzählte mir, dass sie noch nie so im Einklang mit sich war wie jetzt mit 80 Jahren. Doch mit 82 Jahren kamen dann körperliche Beschwerden hinzu. Da war es dann nicht mehr so einfach, das anzunehmen. Wir können uns nicht aussuchen, wann die körperlichen Beschwerden sich melden. Wir sollen dankbar sein, solange wir gesund sind. Aber wir sollen es als Geschenk annehmen und nicht als etwas, was wir festhalten könnten. Irgendwann wird es auch anders werden. Wie die Schwäche kommt, plötzlich oder allmählich, ob sie zu einem langen Siechtum oder zum plötzlichen Tod führt, das können wir uns nicht aussuchen. Es geht nur darum, bereit zu sein für das, was das Leben mit sich bringt, was Gott uns zumutet.

Es ist eine wichtige Aufgabe des alten Menschen, sich mit seinen Krankheiten auszusöhnen. Irgendwann wird die Krankheit nicht mehr geheilt werden. Man muss damit leben. Die einen leben resigniert mit der Krankheit. Die anderen versuchen sie zu verdrängen und nach außen trotzdem stark und gesund zu erscheinen. Die Krankheit zerbricht mein Selbstbild. Aber ich bin nicht nur der Starke und Gesunde. Mein wahres Selbst ist jenseits von Gesundheit und Krankheit. So lädt mich die Krankheit ein, meine bisherigen Selbstbilder zerbrechen zu lassen, um aufgebrochen zu werden für mein wahres Selbst, für den inneren Kern, der nicht von der Krankheit infiziert ist. Und die Krankheit ist eine Herausforderung, durchlässig zu werden für Gott. Nicht mehr meine Kraft strahlt aus meinem Gesicht, sondern die Milde und Barmherzigkeit Gottes.

Das ist das Ziel. Doch der Weg dorthin ist nicht einfach. Wenn die Schmerzen nicht weggehen, fällt es nicht leicht, sich mit ihnen auszusöhnen. Und doch führt kein Weg daran vorbei. Wenn ich mich mit meinen Schmerzen nicht aussöhne, werde ich mich als Verlierer fühlen, weil alle Medizin und alle therapeutischen Maßnahmen nicht helfen, die Schmerzen zu beseitigen. Die Schmerzen nicht zu beachten gelingt auch nicht. Freundlich mit den Schmerzen umzugehen bedeutet für mich: ich fühle mich in den Schmerz hinein. Es tut weh. Aber ich versuche, durch den Schmerz hindurchzugehen. Dann ahne ich, dass auf dem Grund des Schmerzes Frieden ist. Der Schmerz führt mich dann in mein Inneres, in den Raum, in dem Gott in mir wohnt, in dem ich heil bin und ganz, schmerzfrei, erfüllt von Gottes Liebe und Milde. Der Schmerz zwingt mich, bei mir zu bleiben und in mir in den Bereich jenseits des Schmerzes einzutreten. Der Schmerz ist die beständige Erinnerung, ihn zu überschreiten in den schmerzfreien Raum auf dem Grund meiner Seele. Das ist nicht leicht. Wir sollen uns mit den Schmerzen auch nicht überfordern, sondern die Hilfen in Anspruch nehmen, die uns die heutige Schmerztherapie bietet.

Ältere Menschen haben besondere Fähigkeiten

Altern ist keineswegs nur körperlicher Verfall oder Nachlassen geistiger Fähigkeiten. Alte Menschen haben im Gegenteil sogar Fähigkeiten, die jungen abgehen. Die Hirnforschung zeigt: Das menschliche Gehirn entwickelt sich weiter, produziert neue Zellen, entwickelt neue Wege, zu denken. Alte Menschen denken anders. Sie denken nicht schneller, aber konzeptueller. Daraus kann eine neue Art der Verantwortung erwachsen sowie eine neue Art, über das „Wie" und „Warum" des Lebens nachzudenken.

Nicht umsonst haben die Völker den alten Menschen besondere Weisheit zugesprochen. Weisheit hat nicht nur mit der Lebenserfahrung zu tun, sondern auch mit einer neuen Weise zu denken. Das griechische Wort für Weisheit „sophia" meint einen Menschen, der eine besondere Geschicklichkeit hat, der die Kunst des Lebens versteht und der eine kluge Einstellung zum Leben hat. Das lateinische Wort „sapientia" kommt von „sapere" (= schmecken). Für die Römer ist der Mensch weise, der sich selber schmecken kann, der ausgesöhnt ist mit sich selbst und daher einen guten Geschmack verbreitet, der im Einklang ist mit sich selbst. Das deutsche Wort „Weisheit" kommt von „wissen", das wiederum von einer Wurzel stammt, die „sehen, erblicken, erkennen" bedeutet. Weise ist also der, der viel gesehen hat, oder einer, der tiefer blickt, der den Dingen auf den Grund sieht. Der Weise hat eine eigene Weise entwickelt, die Dinge zu sehen und das Wesentliche zu erkennen.

Schon Cicero weiß: Große Dinge werden nicht durch Muskelkraft, Geschwindigkeit oder physische Leistungsfähigkeit erreicht, sondern durch Nachdenken, Charakterstärke und Urteilskraft. Der alte Mensch hat weniger Muskelkraft als der junge, er wird langsamer und seine physische Leistungskraft lässt nach. Aber er hat andere Fähigkeiten. Er denkt ruhiger nach. Er ist in seinem Charakter gefestigt und er hat durch lange Erfahrung eine gute Urteilskraft entwickelt. So vermag er manchmal mehr zu leisten als junge Menschen, nicht weil er mehr arbeitet, sondern weil er seine besonderen Fähigkeiten einsetzt, weil er mit mehr Klugheit und Weisheit an die Sachen herangeht.

Viele Firmen meinen, sie müssten Angestellte, die über 55 sind, vorzeitig entlassen, weil sie zu teuer sind. Doch damit vergeuden sie ein hohes Potential, das in den alten Mitarbeitern steckt. Sie können manches nicht mehr so schnell tun wie früher. Manche Probleme erfassen sie nicht sofort. Doch dafür haben sie andere Fähigkeiten entwickelt. Sie sehen das Wesentliche, auf das es ankommt. Sie haben größere Erfahrung und können eine Einzeltatsache besser in das Ganze einordnen. Sie sehen die Zusammenhänge klarer. Diese Fähigkeiten alter Menschen sollte die Gesellschaft nicht vernachlässigen. Natürlich gibt es auch alte Männer, die ihre Aufgabe und ihren Posten nicht loslassen können, weil sie nicht gelernt haben, etwas anderes zu tun als bisher. In der Kirche sind es vor allem alte Männer, die das Sagen haben. Das birgt auch Gefahren in sich. Aber immerhin traut die Kirche einem alten Mann zu, ihr als Papst vorzustehen. Und oft entwickeln diese alten Männer erstaunliche Fähigkeiten. Papst Johannes XXIII, den seine Kritiker für einen harmlosen alten und gutmütigen Mann hielten, hat die Kirche und die Welt verändert, indem er ein Konzil einberief und zum „aggiornamento" aufrief. Der alte Mann hat die Fenster der Kirche weit aufgerissen und frische Luft hineingelassen. Er hatte nichts zu verlieren. Er musste nicht taktieren. Alte Menschen sind oft freier, das zu tun, was sie als richtig erkannt haben. Und sie haben oft ein besseres Gespür für das, was dran ist.

In den achtziger Jahren sprach der katholische Publizist Walter Dirks von den Zornigen Alten, die lauter als junge Theologen den Ruf nach Erneuerung von Gesellschaft und Kirche oder den Ruf nach Gerechtigkeit und Frieden erhoben. Zu ihnen gehörten neben Walter Dirks auch die Theologen Karl Rahner und Heinrich Fries. Sie haben auch als alte Männer ohne Angst ihre Stimme erhoben für eine erneuerte

Kirche und für gerechtere Strukturen in der Welt. Sie hatten nichts zu verlieren. Auch die Dichtung hat die besonderen Fähigkeiten alter Menschen herausgestellt. Bert Brecht hat in seiner Kalendergeschichte über „die unwürdige Greisin" eine alte Frau beschrieben, die die von der Gesellschaft vorgeschriebenen Normen hinter sich lässt und mit dem Tod ihres Mannes ihr Leben schlagartig ändert, ihr Leben genießt, indem sie Kinos und Gasthöfe besucht und neue Freunde findet. Für ein freies und selbstbestimmtes Leben, so die Botschaft Brechts, ist es nie zu spät. Martin Walser spricht in einem ähnlichen Sinn vom „Altersnarren", also dem Menschen, der sich ohne Rücksicht auf Konventionen und unbeeindruckt von den Mächtigen die Freiheit nimmt und die Wahrheit beim Namen nennt. Vielleicht hat Mark Twain am besten zusammengefasst, was all diese Beispiele gemeinsam haben, wenn er meinte: „Die Alten sind deswegen so gefährlich, weil sie keine Angst mehr haben."

Die eigenen Grenzen selbstverständlich annehmen

Wer älter wird, erfährt es – nicht nur, wenn gut erzogene Jugendliche in der Straßenbahn aufstehen und einem den Platz anbieten: Die „Zipperlein" werden zahlreicher, die Anfälligkeiten und Beschwerden häufen sich, die gesundheitlichen Probleme werden größer. Man muss lernen, mit physischen Begrenzungen zu leben und mit einem schwächeren Körper. Es ist ein schmerzlicher Prozess, sich mit seinen physischen Begrenzungen auszusöhnen. Natürlich ist man mit 60 nicht mehr so schnell wie mit 30. Der Arzt sagt einem irgendwann, dass die Schmerzen über den Rücken wohl nie mehr ganz weggehen werden, dass die Knie nicht besser werden und das Gehen immer beschwerlicher wird. Das sind keine rosigen Aussichten. Da kommt auch die Medizin an ihre Grenzen. Im Alter lässt sich nicht mehr alles reparieren. Manches kann zum Glück erleichtert und gelindert werden. Aber die Begrenzungen werden spürbarerer und der Körper immer schwächer. Manche Menschen bedauern sich dann ständig vor anderen. Sie reden nur noch über ihre körperlichen Beschwerden und gehen damit ihrer Umgebung auf die Nerven. Andere versuchen, die Beschwerden zu verdrängen. Sie zwingen sich, noch genauso weit zu wandern wie sie das früher konnten, auch wenn der Körper inzwischen nicht mehr mitmachen will.

Doch weder Jammern noch Verdrängen sind die angemessene Reaktion auf die körperlichen Beschwerden. Vielmehr ist ein stilles und selbstverständliches Annehmen der eigenen Grenzen gefordert. Wer seine Beschwerden annimmt, der spricht nicht ständig davon. Aber wenn er etwas tun soll, das über seine Kräfte geht, dann steht er zu seinen Grenzen. Er steht dazu, dass er den Aufzug braucht, weil er beim Treppensteigen mit seinem Herzen Probleme bekommt. Er steht dazu, dass er langsam aufstehen muss, dass er etwas mehr Zeit braucht, ins Auto zu steigen. Aber er macht davon kein Aufhebens. Er entschuldigt sich nicht, sondern nimmt es einfach an und steht dazu auch vor anderen. Diese Haltung gelingt aber nur, wenn ich vorher Abschied genommen habe von manchen Fähigkeiten. Abschied nehmen tut immer weh. Ich muss betrauern, dass ich nie mehr auf diesen oder jenen Berg steigen werde. Ich muss betrauern, dass ich keine weiten Fahrten mehr machen kann. Ich muss betrauern, dass ich nicht mehr tagelang auf die Enkelkinder aufpassen kann, weil es mich überfordert. Nur wenn ich das, was ich nicht mehr kann, betrauere, werde ich Neues in mir entdecken, das in mir wachsen will. Und ich werde dankbar sein für das, was ich noch tun kann.

Grenzen – auch eine spirituelle Herausforderung

Die äußeren Grenzen sind immer eine Chance, in sich Neues zu entdecken. Das Neue ist vielleicht die Fähigkeit, still zu werden, einfach nur da zu sitzen und durch das Fenster in die schöne Landschaft zu blicken. Der Mann, der immer nur nach außen hin aktiv war, entdeckt auf einmal die Fähigkeit, im Haushalt einiges zu erledigen. Vielleicht ist es die Fähigkeit zu kochen. Die Frau, die in der Pfarrei aktiv war und alle Feste organisiert hat, beginnt, für ihre Enkelkinder etwas zu stricken oder an sie in aller Ruhe Briefe zu schreiben.

Die äußere Begrenzung ist immer auch eine spirituelle Herausforderung. Wenn außen nicht mehr viel geht, kann ich nach innen gehen. Ich lerne still zu werden, auf die Träume zu achten und auf die leisen Impulse zu hören, die in meiner Seele hochsteigen, wenn ich einfach nur still dasitze. Ich kann lernen, mich mit meiner Einsamkeit auszusöhnen. Und auf einmal fühle ich mich auf neue Weise verbunden mit den Menschen um mich herum. Aber ich fühle mich auch verbunden mit den Menschen, die mir im Tod vorangegangen sind und von denen ich glaube, dass sie jetzt bei Gott sind. Ich spüre eine neue Verbundenheit zu allem, was ist. Das schafft in mir eine Fähigkeit, auch die Menschen um mich herum zu verbinden. Ich werde auf einmal zum ruhenden Pol, zu dem andere kommen, um von ihrer Zerrissenheit geheilt zu werden, um zerbrochene Beziehungen wieder zu heilen. Wer sich mit seiner äußeren Begrenzung aussöhnt und sich auf den spirituellen Weg der Versöhnung mit sich und mit seiner eigenen Lebensgeschichte einlässt, der wird in sich die Fähigkeit spüren, zur Versöhnung in seiner Umgebung beizutragen. Er hat aufgehört zu werten und zu verurteilen. Daher kommen die Menschen gerne zu ihm. Sie wagen es, offen und ehrlich über sich zu reden. Denn sie haben das Gefühl: Da hört einer zu, der mich nicht bewertet, der mich annimmt, so wie ich bin.

Nichts liegt in unserer Hand

Dass das Gedächtnis nachlässt, dass einem Namen nicht mehr so schnell einfallen, dass man seine Brille immer häufiger verlegt und insgesamt etwas vergesslicher wird, ist nichts Ungewöhnliches, wenn man älter wird. Man kann es hinnehmen, man kann seine Gedächtnisfähigkeit aber auch trainieren. Bei vielen hat sich aber eine neue Angst eingeschlichen, die Angst davor, dement zu werden, also die Denkfähigkeit und die Orientierung überhaupt zu verlieren. Viele kennen in ihrer eigenen Umgebung alte Menschen, die dement geworden sind. Und sie haben Angst, ihnen könnte das auch widerfahren. Auch ich kenne das. Wenn ich Mitbrüder betrachte, die dement geworden sind, dann taucht in mir die Angst auf, ich könnte so werden. Wie damit umgehen? Für mich sind zwei Wege wichtig. Der erste Weg ist der Weg des Tuns. Was kann ich tun, um eine Demenz zu vermeiden? Es gibt medizinischen Ratschläge für Ernährung und Bewegung. Und Psychologen und Ärzte meinen, wer bis zuletzt geistig aktiv ist, der würde nicht so leicht dement. Allerdings gibt es keine Garantie. Ein geistig so aktiver Mann wie Walter Jens wurde mit 84 Jahren auf einmal dement. Ich kann nur das Meine beitragen, um nicht dement zu werden. Und ich darf vertrauen, dass Gott mich davor bewahrt. Doch auch das ist keine Garantie. Daher ist der zweite Weg genauso wichtig: Ich stelle mir vor, was es für mich bedeutet, dement zu werden, meine Fähigkeit zu denken und zu schreiben zu verlieren. Das ist für mich eine spirituelle Herausforderung. Ich frage mich dann: Woher definiere ich mich? Definiere ich mich nur von meinen Fähigkeiten, von meiner geistigen Wachheit oder aber von Gott her? Wenn ich mich von Gott her definiere, dann kann mir die Demenz meine wahre Würde nicht nehmen. Sie nimmt mir nur das Ego. Das Ego, das alles in der Hand behalten möchte, das immer gut vor anderen dastehen möchte, wird zerbrochen. Und ich hoffe, dass durch dieses Zerbrechen meine Person ganz und gar aufgebrochen wird für Gott, dass durch die Demenz hindurch doch etwas in diese Welt hineinleuchtet, was nicht von dieser Welt ist.

Mich hat berührt, was Karl Rahner, kurz vor seinem Tod, in einem Vortrag über das Älterwerden dazu gesagt hat. Er hat sich ja in seiner Theologie sehr intensiv mit dem Tod auseinandergesetzt. Aber als er selbst mit dem eigenen Tod konfrontiert war, spürte er in sich trotz aller Theologie Angst vor dem Tod. Er schreibt, dass man sich den Tod oft wünscht „in stiller, gefasster Klarheit des Geistes". Man sollte dazu das Seine beitragen. Doch dann kommt Rahner darauf zu sprechen, es könnte ja auch ganz anders werden. Man kann „in einen Zustand hinabstürzen, in dem man einfach nicht mehr kann, wie man – angeblich – sollte, dann hat einem der ewige Gott in seiner Liebe schon sanft alle Verantwortung für sein Leben abgenommen." Das meint: Wir sollen uns auf ein gutes Sterben vorbereiten. Aber wie dann das Alter und das Sterben auf uns zukommt, das liegt nicht mehr in unserer Hand. Es liegt nicht in unserer Hand, ob wir vorher dement werden und nicht mehr über uns verfügen können. Rahner schreibt zu dieser Situation: „Zur Aufgabe des Alters gehört es, rechtzeitig diese unbekannt auf uns zukommende Situation des Alters und des Todes anzunehmen und zu wissen: Alles kann Gnade sein, auch dann, wenn wir nur noch die hilflos Besiegten sind." In der Demenz sind wir die hilflos Besiegten. Aber auch das kann noch Gnade sein. Gott nimmt uns in seiner Gnade die Verantwortung über uns. Er nimmt uns schon hinein in die Unbegreiflichkeit seiner Liebe, in der wir mit unserer Demenz, auch mit all den unvernünftigen und manchmal wütenden Phasen, geborgen sind.

4. Beziehungen ändern sich und brauchen Pflege

Bevor ich im folgenden auf die Beziehungen eingehe, die sich im Laufe des Lebens ändern, die Beziehungen zwischen Kindern und Eltern, zwischen den Eltern untereinander und zwischen Großeltern und Enkelkindern, möchte ich ein Märchen erzählen, das uns die Brüder Grimm überliefert haben:

Der alte Großvater und der Enkel

Es war einmal ein steinalter Mann, dem waren die Augen trüb geworden, die Ohren taub, und die Knie zitterten ihm. Wenn er nun bei Tische saß und den Löffel kaum halten konnte, schüttete er Suppe auf das Tischtuch, und es floß ihm auch etwas wieder aus dem Mund. Sein Sohn und dessen Frau ekelten sich davor, und deswegen musste sich der alte Großvater endlich hinter den Ofen in die Ecke setzen, und sie gaben ihm sein Essen in ein irdenes Schüsselchen und noch dazu nicht einmal satt; da sah er betrübt nach dem Tisch, und die Augen wurden ihm naß. Einmal auch konnten seine zitterigen Hände das Schüsselchen nicht festhalten, es fiel zur Erde und zerbrach. Die junge Frau schalt, er sagte aber nichts und seufzte nur. Da kaufte sie ihm ein hölzernes Schüsselchen für ein paar Heller, daraus musste er nun essen. Wie sie da so

93

sitzen, so trägt der kleine Enkel von vier Jahren auf der Erde kleine Brettlein zusammen: „Was machst du da?" fragte der Vater. „Ich mache ein Tröglein", antwortete das Kind, „daraus sollen Vater und Mutter essen, wenn ich groß bin." Da sahen sich Mann und Frau eine Weile an, fingen endlich an zu weinen, holten alsofort den alten Großvater an den Tisch und ließen ihn von nun an immer mitessen, sagten auch nichts, wenn er ein wenig verschüttete.

Wenn die alten Eltern das, was sie den Kindern früher selbst gepredigt haben, nicht mehr halten können, weil sie zitterig geworden sind, weil sie den Löffel nicht mehr halten können und sabbern, dann ist das für ihre erwachsenen Kinder eine Enttäuschung. Und manchmal können die Kinder das nicht aushalten, wie in diesem Märchen. Sie isolieren den alten Großvater, nicht weil der sich in ihre Erziehung hineinmischt oder etwas Unrechtes tut, sondern nur, weil er alt ist und sein Verhalten nicht mehr ansehnlich. Sie übersehen den Schmerz des Großvaters. Der Enkel hält ihnen einen Spiegel vor. Die Eltern schauen in diesen Spiegel und erkennen das Verletzende ihres Verhaltens.

Das Märchen zeigt, dass die Beziehung zu den alten Eltern nicht unproblematisch ist. Da ist manchmal die Pflege eine Last für die Kinder. Oder das Verhalten ist so, dass man es nicht mit ansehen kann oder will. Unbewusst erwarten Kinder von den Eltern, dass sie bis ans Ende alles im Griff haben, so wie sie es immer hatten. Sie können die Hilfsbedürftigkeit ihrer alten Eltern nicht annehmen. Das Märchen zeigt, dass der Großvater uns nur selbst vor Augen führt, was mit uns geschehen könnte. Keiner von uns hat die Garantie, dass er bis zuletzt diszipliniert ist und sein Leben selbst im Griff hat. Wir möchten unser Alter nicht zu Ende denken. Wir möchten uns nicht eingestehen, dass wir auch hilfsbedürftig werden können. So ist das Alter immer auch für uns eine Herausforderung, uns der eigenen Wahrheit zu stellen, dem Prozess des Älterwerdens bis hin zum Angewiesensein auf Hilfe und Unterstützung ins Auge zu sehen. Dann werden wir nicht nur barmherziger mit den Alten umgehen, sondern auch mit uns selbst.

So möchte ich im Folgenden auf die Beziehungen eingehen: auf die aktive Rolle der älteren Menschen in der Gesellschaft, die Beziehungen von älteren Menschen untereinander, die Beziehung zwischen den Erwachsenen und ihren alten Eltern und die Beziehung zwischen Enkeln und Großeltern. Beziehungen zwischen Menschen sind immer im Fluss. Und es ist gut, sich den Änderungen zu stellen. Viele werfen dem Ehepartner vor, dass er sich im Laufe seines Lebens geändert hat. Wir erwarten offensichtlich, dass er immer so bleibt, wie wir ihn kennen gelernt haben. Doch das wäre eine statische Beziehung. Unsere Beziehungen sind immer in einem Prozess der Veränderung und Verwandlung.

Die Beziehungen zwischen alten und jungen Menschen sind heute zwei Gefährdungen ausgesetzt: Es gibt nicht nur die Tatsache, dass alte Menschen die Jugend verherrlichen, weil sie letztlich ihr Altsein ablehnen. Eine andere Weise der misslungenen Annahme des Älterwerdens besteht darin, die jungen Menschen zu verdammen. Man findet alles an ihnen schlecht. Wenn die Alten an ihre Jugend denken, war alles besser. Sie vergessen die Streiche, die sie den Erwachsenen damals gespielt haben. Und sie vergessen die Sorgen, die sie ihren Eltern gemacht haben. Indem sie auf die Jugend schimpfen, lenken sie ab von ihrem eigenen Altsein und letztlich von der Unfähigkeit, sich mit dem eigenen Alter auszusöhnen und den Wert des Altseins zu würdigen. An unserem Reden über die Jugend erkennen wir unsere Haltung dem Älterwerden gegenüber. Wie Alte über die Jugend sprechen, zeigt ihre eigene Versöhnung und ihr Unversöhntsein mit sich selbst. Umgekehrt offenbart das Reden der jungen Menschen über die Alten ihre Einstellung zum Leben. Daran erkennen wir, ob sie sich dem Prozess ihres eigenen Älterwerdens stellen oder ob sie ihn verdrängen und alles, was damit zusammen hängt, auf die Alten projizieren.

Eltern-Kinder, Großeltern-Enkel

Eltern und Kinder können im Alter eine neue Beziehung aufbauen

Die Beziehung der Kinder zu den Eltern wird nicht notwendig besser, wenn beide älter werden. Da gibt es Kinder, die schon längst eine Familie gegründet haben und mitten im Leben stehen. Sie sind so mit ihren Familien beschäftigt, dass der Kontakt zu den Eltern immer mehr abnimmt. Die Eltern warten darauf, dass die Kinder ihre Enkelkinder vorbeibringen, damit sie sich um sie kümmern können. Aber es geschieht für die Eltern zu selten. Andere Töchter oder Söhne haben den Kontakt zu den alten Eltern ganz abgebrochen. Ich habe die Hilflosigkeit von Eltern erfahren, denen ihre Kinder jeden Kontakt verbieten. Das tut weh. Die Eltern möchten ja gerne wissen, was sie verkehrt gemacht haben, wenn etwa die Tochter den Kontakt abbricht. Und sie möchten alles besser machen. Aber die Tochter gibt ihnen keine Chance dazu. Die Eltern können nur hoffen und beten, dass die Tochter ihre eigene innere Verbohrtheit irgendwann einmal aufbricht und wieder Kontakt zu den Eltern sucht. Wenn sie die Beziehung für immer abbricht, dann schneidet sie sich ihre eigenen Wurzeln ab. Das tut ihr nicht gut.

Das vierte Gebot heißt: „Du sollst deine Eltern ehren!" Viele fühlen sich von diesem Gebot überfordert. Die Eltern haben sie so verletzt. Sie sehen keinen anderen Ausweg als die Distanz, um sich endlich frei zu machen von den Reglementierungen oder ständigen Entwertungen durch die Eltern. Die alten Eltern meinen, sie müssten immer noch alles bestimmen und beurteilen, was gut und schlecht, richtig und falsch ist. Doch auch wenn ich noch so sehr von den Eltern verletzt worden bin, hat das Gebot auch für mich eine heilende Wirkung. Ein holländisches Autorenteam hat dieses Gebot positiv gefasst: „Ich ehre meine Herkunft." Wenn ich die Eltern verachte, verachte ich einen Teil von mir. Ich verachte meine Geschichte. Und das tut mir nicht gut. Ehren heißt nicht, dass ich alles gutheiße, was die Eltern getan haben. Aber ich muss respektieren, dass sie mir das, was sie konnten, gegeben haben. Vielleicht war es für mich zu wenig. Vielleicht hat mir manches nicht gut getan. Dann ist es meine Aufgabe, mich davon zu distanzieren

Andere besuchen zwar ihre alten Eltern. Aber sie finden keinen richtigen Zugang. Sie spüren, dass sie in anderen Welten leben. Beide leiden an dieser Beziehungslosigkeit und können sie doch nicht überwinden. Andere haben Angst, von den alten Eltern vereinnahmt zu werden. Sie geraten wieder in die Kindrolle, sobald sie länger mit den Eltern zusammen sind. Daher versuchen sie, den Kontakt auf ein

Minimum zu reduzieren. Letztlich erwarten sie von den Eltern, dass sie sich ändern. Aber die Eltern werden sich nicht ändern. Es ist meine Aufgabe, innere Distanz zu finden und mich nicht vereinnahmen zu lassen. Wenn ich nicht reagiere auf zu neugierige Fragen oder auf vereinnahmende Tendenzen, werden sie sich von alleine geben. Dann fühle ich mich nicht davon belastet. Ich lasse es bei den Eltern.

Wie kann die Beziehung zwischen den schon älteren Kindern und ihren alten Eltern gelingen? Zunächst ist es für die Kinder wichtig, die Eltern zu lassen, wie sie sind. Sie sollen sich von der Hoffnung verabschieden, dass die Eltern sich ändern. Eine sechzigjährige Frau erzählte mir von ihren Problemen mit ihrer alten Mutter. Nach einer Therapie hatte sie geglaubt, sie wäre nun zu einer neuen Beziehung zu ihrer Mutter fähig und lud die Mutter zu einem gemeinsamen Urlaub ein. Doch der Urlaub wurde für sie eine Katastrophe. Sie hatte immer gehofft, dass die Mutter ihr sagen würde: „Du bist doch meine liebste Tochter. Du verstehst mich. Du kümmerst Dich um mich." Ich sagte dieser Frau: „Dieses Wort werden Sie nie von Ihrer Mutter hören. Von dieser Illusion müssen Sie sich verabschieden. Sie sollen sich selbst mütterlich behandeln, anstatt von der Mutter dieses Verhalten zu erwarten." Als Erwachsene erwarten wir, dass unsere Eltern stolz auf uns sind. Dann kränkt es uns, wenn die alten Eltern nur um sich selbst kreisen. Es ist wichtig, sie sein zu lassen. Ich gebe oft den Rat: „Wenn Sie Ihre alten Eltern besuchen, stellen Sie sich vor, Sie gehen ins Theater. Sie schauen zu, aber Sie spielen nicht mit. Dann ärgern Sie sich nicht über die Eltern. Sie lassen sie, wie sie sind. Aber Sie selbst lassen sich auch nicht in eine Rolle drängen. Sie bleiben Sie selbst." Das ist keine Entwertung der Eltern. Die Eltern dürfen so sein. Ich werte ihr Verhalten nicht. Ich schaue es nur an, ohne mich von ihrem Verhalten bestimmen zu lassen.

Die alten Eltern müssen natürlich auch lernen, sich in ihrem Urteil zurückzuhalten. Es fällt ihnen nicht leicht, das Heft aus der Hand zu geben und zu vertrauen, dass die Kinder ihren Weg gehen, auch wenn der anders aussieht, als man sich das vorgestellt hatte. Die alten Eltern sollen sich weder dafür entschuldigen, was sie in der Erziehung verkehrt gemacht haben, noch sollen sie sich für unfehlbar halten. Sie haben getan, was sie tun konnten. Sie haben gegeben, was sie geben konnten. Vielleicht hatten ihre Kinder manchmal das Gefühl, es sei nicht genug gewesen. Aber jetzt haben die Kinder die Verantwortung, aus dem, was sie bekommen haben, etwas zu machen. Die alten Eltern sollen vertrauen, dass sie den Kindern genügend mitgegeben haben, das ihnen hilft, ihr Leben zu meistern. Dann werden die Begegnungen mit den Kindern von Gelassenheit und Vertrauen geprägt sein und nicht von Belehrungen oder Vorwürfen.

Enkel und Großeltern – eine besondere Beziehung

Großeltern gehören zu Beginn des 21. Jahrhunderts zu den wenigen positiv besetzten Altersbildern, sagen die Soziologen. Die gemeinsame Lebenszeit von Großeltern und Enkeln ist wegen der erhöhten Lebensdauer so lange wie nie. Noch nie hatten so viele Enkel Großeltern. Das ist positiv und unterscheidet die Beziehung von der Eltern-Kind-Beziehung. Denn Kinder reiben sich oft an den Eltern. Sie wachsen heran, indem sie von den Eltern lernen, aber auch, indem sie sich von ihnen abgrenzen. Ihre Reifung geschieht immer in Beziehung zu den Eltern. Und da jeder Reifungsprozess durch Krisen hindurchgeht, ist auch die Beziehung zu den Eltern ambivalent. Die Eltern fühlen sich für die Kinder verantwortlich. Daher müssen sie Grenzen setzen, korrigieren, kritisieren, erziehen. Das ruft immer auch den Widerstand der Kinder hervor. Doch in diesem Ringen miteinander wächst das Kind heran und wird reif.

Die Beziehung zwischen Enkeln und Großeltern ist oft deswegen besser und besonders, weil sie unbelastet ist. Die Großeltern haben keine unmittelbare Verantwortung für die Enkelkinder. Sie können einfach zuhören, was ihnen die Enkel erzählen. Von ihrer eigenen Lebenserfahrung her können sie alles gelassener sehen. Und sie geben den Enkelkindern Sicherheit und Geborgenheit. Bei ihnen fühlen sich die Enkelkinder daheim, verstanden, angenommen. Und die Großeltern sind normalerweise großzügiger, die Wünsche der Enkelkinder zu erfüllen. Da gibt es ihr Lieblingsessen, wenn die Oma kocht. Oder aber die Oma erzählt interessante Geschichten von früher.

Enkelkinder hören ihren Großeltern gerne zu, wenn sie aus der Vergangenheit erzählen. Sie sind so etwas wie personifizierte Erinnerung und vermitteln damit Erfahrungen und Werte, die sie früher gelebt haben. Das ist etwas anderes, als wenn jemand die Gegenwart ausblendet und nur in der Vergangenheit lebt. In solchen Erzählungen wird Geschichte weitergegeben und die Enkel merken, dass sie auch in einer größeren Tradition leben und mit früheren Zeiten durch die eigene Familiengeschichte verbunden sind. So wird auch ihr Horizont erweitert. Und auch größere Zusammenhänge ihres eigenen Lebens werden bewusst.

Viele Großeltern blühen auf in ihrer neuen Rolle. Sie haben eine gute Beziehung zu den Kindern. Und sie sind dankbar, dass sie gebraucht werden, dass die Enkel gerne zu ihnen kommen und an ihnen hängen. Mein Bruder ist ganz stolz, dass seine Enkelin so von ihm schwärmt. Mittagsschlaf möchte sie nur neben dem Opa machen. Meine Schwester erzählte mir, wie ihre Enkelkinder in den USA an ihr und ihrem Mann hängen, wenn sie mal für ein paar Wochen dort zu Besuch sind. Die älteste Tochter muss mit ihren 8 Jahren, bevor sie in die Schule geht, noch kurz zu den Großeltern ins Bett. Warum sucht die Enkelin bei den Großeltern diese Geborgenheit, die ihr die Eltern doch auch in vorbildlicher Weise geben? Offensichtlich können Großeltern eine andere Form von Sicherheit und Geborgenheit schenken als die jungen Eltern. Alte Menschen strahlen Zuversicht aus: „Du schaffst das schon in der Schule." Die Enkelin muss erst etwas von dieser Geborgenheit in sich aufnehmen, bevor sie in die Ungeborgenheit der Schule hinaus kann. Kinder spüren, dass von den Großeltern etwas Besonderes ausgeht: die Weite, die Milde, das Verstehen, das Vertrauen ins Leben, die Erfahrung. All das gibt den Kindern das Gefühl von Sicherheit und Halt. Und sie spüren, dass sie im Kontakt mit den Großeltern an ihren Wurzeln Anteil haben. Sie haben teil an ihrer Lebenserfahrung, an ihrer Kraft, das Leben zu meistern.

Oft können sich die Enkelkinder den Großeltern eher anvertrauen, weil sie sich nicht bewertet fühlen. Sie dürfen auch von ihren Ängsten erzählen oder von den Verletzungen, die sie erfahren haben, von ihren Empfindlichkeiten und von ihren Sehnsüchten. Sie können auch von ihren Konflikten mit den Eltern reden, ohne dass sie beurteilt werden. Sie wissen, dass die Großeltern das, was sie ihnen erzählen, bei sich behalten. Das öffnet ihr Herz. Und das begründet Vertrauen.

Großeltern geben etwas Besonderes weiter

Großelternzeit, so schrieb jemand, sei eine religiöse Entwicklungs- und Erziehungszeit. Großeltern sollten religiöse Erziehungsdefizite wettmachen und den Enkeln Glauben vermitteln. Ich würde das so nicht formulieren. Denn damit wird den Großeltern wirklich eine Last aufgebürdet, die ihnen nicht gut tut. Sie müssen die Enkelkinder nicht erziehen. Sie müssen auch die religiösen Defizite der Eltern nicht ausgleichen. Die Großeltern haben in diesem Sinn keine Verantwortung für die Erziehung der Enkelkinder. Es braucht die innere Freiheit der Großeltern ihren Enkeln gegenüber. In dieser Freiheit können dann die Großeltern mit ihren Enkeln auch vom Glauben sprechen. Die Enkelin meines Bruders möchte mit ihm immer in die Kirche gehen. Kinder sind von sich aus oft neugierig. Und auf diese Fragen sollen die Großeltern eingehen. Sie sollen auch erzählen von ihrem Glauben, der sie getragen hat. Aber sie sollen den Enkeln den Glauben nicht aufdrücken. Sie können nur erzählen und das weitergeben, was sie erfahren haben. Aber sie sollen sich nicht unter Druck setzen, dass sie die Enkel überzeugen oder zum religiösen Leben hinführen müssten. Sie sollen vertrauen, dass das, was ihrer eigenen Erfahrung entspringt, auch in den Enkeln zu einem Samen wird, der irgendwann einmal aufgeht. Ich habe in Gesprächen mit Jugendlichen oft erfahren, dass sie den Glauben vor allem von der Großmutter gelernt haben. Das hat viele ihr Leben lang geprägt. Manche haben sich vom Glauben der Großmutter oder des Großvaters getragen gefühlt. Und manche haben bei den Großeltern ihre Liebe zum Beten gelernt. Manche verdanken gar ihre Berufung zum Ordensleben oder zum Priestertum der Frömmigkeit der Großeltern. Aber wenn die Großeltern ihre religiöse Erziehung zu sehr verzwecken, wenn sie damit unbedingt etwas erreichen wollen, dann erreichen sie die Enkelkinder nicht. Dann erzeugen sie eher Widerstand in ihnen.

Vielleicht geht die Beziehung aber auch umgekehrt. Nicht nur die Großeltern geben etwas Besonderes weiter. Auch die Enkel geben etwas Besonderes. Die Großeltern selber können nämlich über die Enkel wieder einen Zugang zu ihrer eigenen Kindheit bekommen, zu den verschütteten Möglichkeiten des Spielens und des ganz einfachen Lebens und auf ganz natürliche Weise „werden wie die Kinder". Vielleicht öffnet die Beziehung zu den Enkeln ihnen daneben auch den hoffnungsvollen und liebenden Blick in eine Zukunft – über das eigene zeitlich begrenzte Leben hinaus.

Männer-Frauen

Frauen erleben das Älterwerden anders als Männer

Natürlich gibt es keine generellen Regeln, wie Frauen das Älterwerden erleben. Aber dass Frauen vor ganz eigenen Herausforderungen stehen, das sagen viele. Für Frauen spielt die „biologische Uhr" eine Rolle, die Wechseljahre und damit der Abschied von der Gebärfähigkeit. Andere spüren das „Leere-Nest-Syndrom" besonders intensiv, wenn die Kinder aus dem Haus gehen. Schönheitsideale spielen eine Rolle, die von den Medien und der Werbung vorgegeben werden. Aber auch Veränderungen in den Beziehungen, wenn die Partnerschaft in die Jahre – und damit vielleicht in die Krise kommt, die zur Folge hat, dass Männer sich einer jüngeren Frau zuwenden. Vielfach ist auch die Pflege der alten Eltern ein Thema, das Frauen ganz besonders betrifft.

Viele Frauen, die sich sehr von ihrem Äußeren her definieren und denen es wichtig ist, in der Gesellschaft als jung und schön wahrgenommen zu werden, haben Probleme mit dem Altwerden. Gesichtsfalten oder graue Haare verursachen dann Angst. Älterwerden wird etwas Bedrohliches, wenn Frauen spüren, dass sie sich verabschieden müssen von der Sehnsucht, gesehen zu werden. Die Angst vor dem Altwerden ist eine Herausforderung, sich über die wahren Werte Gedanken zu machen. Der tiefste Wert eines Menschen besteht nicht darin, von anderen gesehen zu werden, anerkannt zu sein, als schön beurteilt zu werden. Ich muss in mir selbst stehen. Ich muss den eigenen Reichtum meiner Seele wahrnehmen. Dann treten solche Ängste in den Hintergrund.

Es ist oft nur die erste Phase des Älterwerdens, die den Frauen zu schaffen macht. Wenn sie sich dann ausgesöhnt haben mit ihrem Alter, dann entwickeln sie oft ganz andere Werte. Die feministische Bewegung hat den archetypischen Bildern der weisen Alten neue Aufmerksamkeit geschenkt und von neuem das Bild der Hexe entdeckt: Hexe nicht im negativen Sinn, sondern als Verkörperung von Weisheit der Natur, von innerer Freiheit und von Fähigkeiten, die Menschen zu verzaubern und zu lenken.

Die Situation älterer Frauen ist verschieden, je nachdem ob eine Frau Kinder hat oder kinderlos geblieben ist, ob sie verheiratet ist, verwitwet oder alleinstehend. Meine Mutter war 61 Jahre alt, als sie ihren Mann verlor. Sie hat danach noch dreißig Jahre gelebt. Sie hat ihren Mann sehr geliebt. Aber sie hat nach seinem Tod nicht nur getrauert. Sie hat neue Fähigkeiten in sich entdeckt. Sie ist innerlich gewachsen und hat mehr und mehr ihre eigene Identität entdeckt. So gibt es alte Frauen, die sich ausgesöhnt haben mit ihrem Schicksal – sei es der Tod ihres Mannes, der Tod eines Kindes, die Kinderlosigkeit – und ihre eigenen Stärken entwickeln. Es gibt aber auch Frauen, die daran zerbrechen, dass ihr Mann sie noch im Alter verlassen und sich einer jüngeren Frau zugewandt hat. Eine Frau hat alles für ihren Mann getan. Sie hat ihm den Rücken frei gehalten, damit er seine verantwortungsvolle Arbeit in der Firma leisten konnte. Jetzt nach der Pensionierung verlässt er sie und zieht zu einer jüngeren Frau. Das ist eine tiefe Verletzung. Die Frau kommt kaum darüber hinweg. Es ist verständlich, dass solche Verletzungen einen Menschen zerbrechen können. Manche werden dann bitter und verzweifeln an ihrem Leben. Sie machen sich nur Vorwürfe oder werden bitter im Bedauern darüber, was sie versäumt haben. Oder sie werden vom Zorn über den Mann, der sie verlassen hat, innerlich aufgefressen. Doch auch an solchen Kränkungen kann man wachsen. Die Frau darf sich dann nicht nur vom Mann her definieren, sondern soll ihre eigene Identität, ihre eigene Würde finden. Sie hat für den Mann gelebt. Das ist auch eine Leistung. Jetzt kann sie für sich selbst sorgen und leben. Dann wird sie an diesem Schicksal reifen und vielleicht gerade durch die Verletzung zu einer weisen Frau werden.

Alleinstehende Frauen haben oft Angst, wie es mit ihnen im Alter wird. Für sie wird niemand sorgen.

Mit einem Altersheim können sie sich auch nicht immer anfreunden. So hoffen sie, dass sie möglichst bis zu letzt in ihrer Wohnung bleiben und ihr Leben meistern können. Doch wenn dann alte Freunde und Freundinnen wegsterben, wird es nicht einfach, sich mit der eigenen Einsamkeit auszusöhnen. Andere suchen sich frühzeitig einen Platz, entweder in einem Altenheim oder in einem Haus für „Betreutes Wohnen". Es gibt heute viele Modelle, die alleinstehenden Frauen einen guten Lebensabend ermöglichen. Entscheidend ist aber nicht nur die äußere Wohn- und Pflegesituation, sondern die innere Bereitschaft, sich mit seinem Leben auszusöhnen. Da gibt es Phasen, in denen die Trauer hochkommt über all das, was man nicht leben konnte. Vielleicht hatte man den Lebenstraum, eine Familie zu gründen. Doch aus diesem Wunsch ist nichts geworden. Aber das Leben ist dennoch wertvoll. Es geht dann darum, sich selbst nicht aufzugeben, innerlich lebendig zu bleiben, interessiert am Leben, offen für die Mitmenschen und offen für Gott. Dann werden solche Frauen zum Segen für andere. Es gibt viele weise Frauen, die durch die Ehe weise geworden sind. Es gibt aber auch viele, die als Alleinstehende zur Weisheit gefunden haben.

Auch Männer altern anders

Männer erfahren das Älterwerden anders als Frauen. Sie stehen oft unter dem Druck, sich beweisen zu müssen. Wenn sie nun älter werden, erhöhen sie den Druck auf sich selbst. Sie arbeiten dann nicht selten noch mehr. Oft sind sie umtriebiger, werden unruhig, müssen immer etwas tun, um sich und den anderen zu beweisen, dass sie unbegrenzt belastbar sind. Manchmal kommt auch eine Torschlusspanik hoch. Es bleibt nicht mehr viel Zeit, all das, was einem wichtig ist, durchzuführen und zu Ende zu bringen. Ältere Männer werden oft ungeduldig, können kaum warten. Wenn sie etwa beim Supermarkt nicht gleich dran kommen wollen, kann man das beobachten.

Diese Unruhe ist meistens ein Zeichen für die Angst, nicht mehr gebraucht zu werden. Durch die Umtriebigkeit zeigt man, dass man noch gebraucht wird. Andere haben Angst vor der Leere, die auftaucht, wenn sie nicht mehr ihre alte Tätigkeit ausüben. Daher wollen sie sich selbst und den anderen beweisen, dass sie ihre Arbeit noch lange bewältigen können. Manchmal ist diese Unruhe auch irrational. Sie haben das Gefühl, sie müssten noch dies oder jenes schaffen. Manchmal decken sie auch die Angst vor dem Sterben mit ihrer Aktivität zu.

Auch Männer müssen lernen, im Älterwerden andere Werte in sich zu entwickeln: die Weisheit und Reife des Alters. Auch hier gibt es den Archetyp des weisen alten Mannes, des Einsiedlers, zu dem die Menschen kommen, um Rat zu suchen. Wer durch die Umtriebigkeit hindurch gegangen ist, der gelangt oft zu einer großen inneren Ruhe. Dann geht von ihm etwas aus. Er wird dann zum Weisen, zu dem man gerne geht, um Orientierung im eigenen Leben zu finden.

Für die Männer ist die Pensionierung oft ein stärkerer Einschnitt als für die Frauen. Sie haben sich lange vom Beruf her definiert. Jetzt werden sie nicht mehr gefragt. Sie haben ihre Rolle verloren, die sie im Berufsleben gespielt haben. Sie waren Abteilungsleiter oder Vorarbeiter. Sie galten etwas. Sie haben sich mit ihrer Rolle identifiziert. Jetzt müssen sie ihre Identität jenseits der Rolle finden. Sie als Mensch sind gefragt, mit ihrer Lebenserfahrung, aber vor allem mit ihrem Charakter. Jetzt muss sich zeigen, welche Person hinter der Rolle hervorkommt.

Männer tun sich auch schwerer mit dem Nachlassen der körperlichen Kräfte. Wenn sie erkennen, dass sie handwerklich nicht mehr so geschickt sind, weil die Hände zittern, dass sie nicht mehr die Kraft haben, hohe Berge zu besteigen oder mit den Skiern steile Hänge abzufahren, dann fällt es ihnen oft schwer, sich mit dieser Begrenzung auszusöhnen. Wenn sie krank sind, neigen sie dazu, es zu verdrängen. Oder aber sie werden wehleidig und kreisen nur noch um ihre Krankheiten. Oft werden sie dann depresssiv, sehen keinen Sinn mehr in ihrem Leben. Zur Krankheit zu stehen, ohne wehleidig darum zu kreisen, ist für den Mann keine leichte Aufgabe. Aber manche reifen daran.

Manche haben auch Probleme, wenn ihre sexuelle Potenz nachlässt. Die Pharmaindustrie hat sich die Angst der Männer vor dem Nachlassen ihrer Potenz zunutze gemacht und potenzsteigernde Pillen entwickelt. Doch Männer, die ihren Wert nur aus der sexuellen Potenz beziehen und nicht erkennen, dass im Alter andere Werte und Stärken gefragt sind, bleiben innerlich stehen. Sie entwickeln sich nicht weiter.

Immer wieder begegne ich auch älteren Männern, die nach der Pensionierung von ihrer Frau verlassen wurden. Die Frau hat es nicht mehr ausgehalten, weil die Ehe für sie leer geworden ist. Das ist eine tiefe Kränkung für den Mann. Er hatte gedacht, er sei ein guter Ehemann. Er habe finanziell für die Familie gesorgt und alle Kraft für sie eingesetzt. Aber vielleicht hat er die Beziehung vernachlässigt. Jetzt ist sie leer geworden. Er ist innerlich stehen geblieben, während seine Frau sich weiter entwickelt hat. Männer tun sich dann schwer, für sich allein zu sorgen. Doch es gibt auch Männer, die dann aufwachen. Sie werden gute Hausmänner, halten das Haus sauber, kochen für sich. Und sie machen sich auch auf einen inneren Weg. Sie fangen an, Bücher zu lesen, Kurse zu besuchen. Sie spüren, dass sie menschliche Defizite haben. Nun wollen sie dem Geheimnis des Menschseins auf die Spur kommen. Aber es ist immer ein Prozess der Trauer, durch den sie hindurch gehen müssen. Manche überspringen diesen Prozess und gehen sofort auf die Suche nach einer neuen Frau, weil sie es allein nicht aushalten. Ich muss erst betrauern, dass meine Ehe gescheitert ist, dass ich als Mann innerlich zurück geblieben bin. Dann werde ich auf dem Grund meiner Seele neue Fähigkeiten und Möglichkeiten entdecken.

Partnerschaft:
Die Liebe neu entdecken

Im Alter fühlt sich Liebe anders an

Erfahrungen, wie sie im Folgenden eine Frau um die 60 schildert, sind nicht ungewöhnlich: „Mein Mann hat sich in eine jüngere Frau verliebt. Er meint, es sei die Frau seines Lebens. Wir sind 35 Jahre glücklich verheiratet. Jetzt droht unsere Ehe auseinander zu gehen."

Es ist leider oft so, dass sich ältere Männer in jüngere Frauen verlieben. Das hat viele Gründe. Es ist natürlich, dass der Mann auch in der Ehe andere Frauen attraktiv findet. Doch oft verliebt er sich in eine jüngere Frau, um seinem eigenen Alter aus dem Weg zu gehen. Er hat die Hoffnung, durch die jüngere Frau selbst jünger zu werden. Doch das gelingt nicht. Er macht sich damit etwas vor. In zehn Jahren wird er für die jüngere Frau wahrscheinlich nicht mehr attraktiv sein. Und er wird sich selbst überfordern, wenn er spürt, dass er mit der Jugend seiner Frau nicht mehr mithalten kann.

Dass sich ein Mann in eine andere Frau verliebt, dagegen kann er selbst nichts machen. Aber es ist seine Verantwortung, wie er damit umgeht. Ich verliebe mich in die Frau, die etwas in sich hat, was auch in mir ist, was ich aber bei mir vernachlässigt habe. Dann wäre das Verlieben die Aufgabe, das von mir Vernachlässigte in mir zu pflegen und zu verwirklichen. Und das Verlieben bringt mich in Berührung mit meiner Fähigkeit, zu lieben. Vielleicht hat sich die Liebe zu meiner Frau durch 35 Jahre Ehe abgenutzt. Es sind keine prickelnden Gefühle mehr in der Liebe. Die Eroskraft ist verloren gegangen. Dann wäre das Verlieben die Chance, die eigene Ehe wieder mit der ursprünglichen Liebe in Berührung zu bringen. Natürlich kann die Liebe nicht mehr so sein wie vor 35 Jahren. Aber es ist trotzdem gut, sich an diese Liebe zu erinnern. Dann erkennen wir, was uns am andern damals so fasziniert hat. Das, was uns fasziniert hat, ist ja weiterhin in ihm. Wir müssen es nur wieder neu anschauen.

Was könnte die Frau tun? Der erste Schritt, den sie tun könnte, wäre, ihren Mann zu verstehen, ohne ihm Vorwürfe zu machen. Aber zugleich sollte sie ihn erinnern, dass sie füreinander und für ihre Kinder Verantwortung übernommen haben, dass Liebe nicht nur ein Gefühl ist, sondern auch Treue und Fairness und Verlässlichkeit bedeutet. Und sie sollte mit ihrem Mann gemeinsam überlegen, wie ihre Ehe wieder lebendiger werden kann. Es kann eine Hilfe sein, gemeinsam eine Paartherapie zu machen oder in eine Eheberatung zu gehen. Dort können beide anschauen, was sie noch füreinander bedeuten, aber auch, was sie einander entfremdet hat, was in all den Jahren zu kurz gekommen ist, wo Verletzungen und Enttäuschungen um des lieben Friedens willen unter den Teppich gekehrt wurden. Dieses Anschauen der eigenen Ehe ist oft schmerzlich. Aber es kann auch die Chance sein, manches zu verändern. Zugleich ist das Anschauen der eigenen Ehe aber auch eine Einladung, sich über den Sinn der Liebe, der Treue und der Partnerschaft Gedanken zu machen. Welche Werte tragen uns heute? Im Alter fühlt sich die Liebe anders an. Da geht es nicht mehr nur um Verliebtsein, sondern um das Stehen zum anderen, um das Annehmen des anderen so, wie er ist. Wir werden uns dann von romantischen Illusionen verabschieden, die wir oft unbewusst in uns tragen. Da ist die romantische Illusion, dass wir immer tiefe Gefühle von Liebe spüren müssen, die uns glücklich machen. Die Gefühle der Liebe wandeln sich. Aber entscheidend ist die Liebe als bedingungsloses Annehmen des anderen. Die Liebe schafft einen Raum, in dem der andere er selbst sein kann, aber zugleich auch immer mehr in die Gestalt hineinwächst, die seinem Wesen entspricht.

Wenn sich in der Paartherapie oder in der Eheberatung zeigt, dass die Ehe nicht mehr tragfähig ist, weil die Verletzungen zu stark sind, weil man sich heillos zerstritten oder sich völlig voneinander entfremdet hat, dann wäre es wichtig, das Scheitern der Ehe zu betrauern. Es tut weh, sich einzugestehen, dass ein Lebenskonzept, für das man über 35 Jahre alle Kraft eingesetzt hat, zerbrochen ist. Aber durch das Betrauern hindurch können wir in uns neue Möglichkeiten entdecken und auf den Grund der eigenen Seele gelangen. Dort werden wir vielleicht erkennen, dass wir uns nicht nur als Ehepartner definieren, sondern unseren tiefsten Grund in Gott haben, dass wir einmalig und einzigartig sind und unseren Wert nicht allein von unserem Partner beziehen.

Es gibt aber selbstverständlich nicht nur das Scheitern einer langen Beziehung, sondern auch das Gelingen. Es ist schön, wenn wir alte Ehepaare sehen, die über 30, 40, ja 50 und 60 Jahre gemeinsam ihren Weg gegangen sind. Sie sind sich so vertraut geworden. Einer kennt den anderen und nimmt ihn an, so wie er ist. Ihre Liebe ist nicht mehr leidenschaftlich, aber treu und dennoch zärtlich. Sie helfen einander. Sie werfen dem anderen sein Alter und seine Begrenzungen nicht vor, sondern tragen sie miteinander. In ihrem Miteinander spürt man die große Liebe, die sie trägt und die sich jetzt im Alter verwandelt hat in ein bedingungsloses Annehmen des anderen. Sie teilen die gemeinsamen Erinnerungen an die vielen Jahre, die sie zusammen erlebt haben, an die Krisen und dunklen Zeiten, die sie miteinander durchgestanden haben, an die Geburt ihrer Kinder und deren Entwicklung, an all das, was sie gesehen haben, und an den Segen, der von ihrer gemeinsamen Liebe ausgegangen ist in diese Welt. Solche alten Ehepaare, die sich in ihrer gegenseitigen Liebe ein Leben lang tragen, sind ein Hoffnungszeichen für viele junge Ehen, die oft genug Angst haben, ob ihre Liebe ein Leben lang ausreichen und immer lebendig bleiben wird. Es gibt die Liebe, die dem andern für immer treu ist und ihn bis über die Schwelle des Todes begleitet.

Wir sind selbst dafür verantwortlich, dass wir lebendig bleiben

Manche ältere Paare sind von ihrer Beziehung enttäuscht. Sie sagen: Unsere Partnerschaft ist langweilig geworden. Wir haben uns nicht mehr viel zu sagen. Wir kennen einander in- und auswendig. Die Faszination durch den anderen ist vorbei. Dann stellt sich die Frage, wie man trotzdem gut und fair miteinander als Paar weiter leben kann.

Zunächst gilt es, sich nüchtern einzugestehen, dass die Partnerschaft langweilig geworden ist und dass man einander nicht mehr viel zu sagen hat. Und die Partner sollen es betrauern. Denn es tut weh, sich das einzugestehen. Aber dann können sie gemeinsam überlegen, ob das so bleiben muss. Gibt es nicht doch noch viele Bereiche, für die sie sich gemeinsam interessieren? Oder haben sie sich nichts mehr zu sagen, weil sie die Reaktionen des anderen schon so genau kennen und die Frau es z. B. leid ist, dass ihr Mann sie ständig belehrt und ihr beweisen will, dass sie Dinge nicht versteht? Dann ist es hilfreich, sich diese eingefahrenen Reaktionsmuster bewusst zu machen. Es hilft nicht weiter, dem Partner nur vorzuwerfen, dass er ständig belehrt. Denn vielleicht merkt er das gar nicht. Wenn die Partner miteinander sprechen, dann muss das ohne Vorwürfe und ohne Wertungen geschehen. Sie sollen einfach nur analysieren, was das Miteinander so schwer macht. Und dann können sie überlegen, was sie ändern können. Sie werden nicht alles ändern können. Manches muss man an sich und am anderen und am Miteinander einfach ertragen. Aber wenn ich es annehme als unsere Begrenztheit, dann macht es mich nicht mehr bitter.

Der zweite Schritt wäre, sich einzugestehen, dass weder mein Partner noch ich selbst die Attraktivität besitzen, die wir einmal hatten. Wir kennen einander, sowohl körperlich als auch seelisch. Das muss aber nicht Langeweile bedeuten. Es kann auch zum Vertrautsein führen. Wir sind uns vertraut. Wir kennen uns, aber wir nehmen uns auch so an, wie wir sind. Das braucht eine gewisse Gelassenheit und auch Demut. Wenn wir aufhören, am anderen herumzunörgeln, dann schaffen wir auch den Raum, in dem wir selbst sein dürfen, wie wir sind. Wir müssen nicht ständig beweisen, dass wir attraktiv sind. Das heißt nicht, dass wir nicht an uns arbeiten. Es braucht ja auch die Spannung des Lebendigen. Und lebendig bleiben wir nur, wenn wir bereit sind zu wachsen und uns weiter zu entwickeln.

Der dritte Schritt wäre, sich von der Fixierung auf die Partnerschaft zu lösen, und den jetzigen Zustand als Einladung verstehen, dass jeder auch etwas für sich selbst tut. Jeder hat seine eigenen Interessen. Wenn wir die verfolgen, wenn wir uns weiter bilden, dann haben wir auch wieder etwas zu erzählen. Jeder kann von dem Gebiet, auf dem er kompetent ist, dem anderen erzählen. Wichtig ist nur, dass wirklich die Bereitschaft besteht, auch vom Partner zu erfahren, was ihn beschäftigt und bewegt.

Im Alter dürfen wir dankbar sein für die Treue des Partners. Aber wir dürfen nicht alles von ihm erwarten. Ich kenne alte Ehepaare, die zu große Erwartungen an den Partner haben. Je weniger sie selber leben, desto größer wird die Erwartung an den anderen. Wenn das Leben im Alter eingeschränkt wird und man sich nicht mehr in sein Hobby oder in eine Arbeit flüchten kann, dann ist es oft so, dass wir vom anderen die Erfüllung unseres Lebens erwarten. Er muss uns lebendig halten. Doch bei aller Treue, die wir vom andern erwarten dürfen, sind wir doch für unsere innere Lebendigkeit selbst verantwortlich. Im Alter werden wir beides erleben: wie dankbar wir uns auf die Treue des anderen verlassen dürfen; aber auch, dass jeder letztlich sein eigenes Leben lebt und jeder für seine Lebendigkeit sorgen muss. Wenn wir das Leben nur vom anderen erwarten, überfordern wir ihn. Manche alten Männer können es nicht annehmen, wenn sie krank werden und auf Hilfe angewiesen sind. Dann projizieren sie ihre mangelnde Selbstannahme auf ihre Frau und kritisieren ständig an ihr herum. Die Frau darf das dann nicht auf sich beziehen, sondern soll ihrem Mann zutrauen, dass er sich mit seinen Begrenzungen aussöhnt. So gibt es gerade im Alter neue Herausforderungen für die Partnerschaft. Jeder reift bis zuletzt weiter. Jeder muss sein Leben lang lernen, seine Vorstellungen vom Leben loszulassen und sich mit der eigenen Realität und mit der Wirklichkeit seines Partners oder seiner Partnerin aussöhnen.

Auch später braucht es beides:
Nähe und Distanz

Männer und Frauen haben heute, anders als das vielleicht in der Generation vorher noch der Fall war, in aller Regel ein partnerschaftliches Verhältnis eingeübt, das sich dann auch nach der Pensionierung positiv auswirkt, wenn noch mehr Zeit bleibt, das gemeinschaftliche Leben zu gestalten. Aber auch das andere gibt es noch: dass Frauen der Pensionierung ihrer Männer, die im Beruf aufgehen, mit einer gewissen Angst entgegensehen. Und nicht selten hört man auch heute noch Klagen wie die: „Seit mein Mann nach seiner Pensionierung ständig daheim ist, gehen wir einander auf die Nerven und machen uns das Leben schwer."

Wenn die alte Rollenverteilung nicht mehr funktioniert und man auf einmal ständig zusammen ist, ist es in der Tat nicht immer einfach, zu einer neuen Form des Miteinanders zu finden. Die Pensionierung kann und sollte aber Anlass sein, ein neues Verhältnis von Nähe und Distanz zu schaffen. Die Frau merkt jetzt vermutlich am stärksten, dass die Jahre, in denen der Mann zur Arbeit ging, und in denen sie möglicherweise auch gearbeitet hat, ein bestimmtes Maß an Nähe und Distanz geschaffen haben, das beiden gut tat. Der Mann hatte seine Arbeit. Die Frau hatte ihre Arbeit und in der Regel auch die Erziehung der

Kinder. Jeder konnte dort schalten und walten, wie er wollte. Man freute sich über die gemeinsame Zeit am Abend oder an den Wochenenden. In ihr tauschten beide sich aus. Der Mann erzählte von der Arbeit, sie von den Kindern und von dem, was sie im Beruf erlebt hatte. Wenn beide jetzt immer zusammen sind, dann muss das erst einmal eine Krise geben. Vielleicht hatten sich beide gefreut auf die viele gemeinsame Zeit. Aber jetzt spüren sie, dass das ständige Zusammensein gar nicht so gut ist. Das ist ganz normal. Eine gute Ehe lebt vom ausgewogenen Miteinander, von Nähe und Distanz. Mann und Frau müssen jetzt eben eine neue Form dieser Spannung finden. Wenn der Mann den ganzen Tag zu Hause ist und seiner Frau bei der Hausarbeit oder beim Kochen zuschaut, dann geht er ihr notwendigerweise auf die Nerven. Denn sie fühlt sich nun auf einmal beobachtet oder gar kontrolliert. Die Frau kann nicht mehr so arbeiten, wie sie gerne möchte und wie sie es gewohnt war. Beide sollten also nicht ständig zusammen sein. Sie brauchen auch ihre Zeit für sich allein.

Ein Ehepaar erzählte mir, in welche Krise sie die Pensionierung des Mannes – er war Schulleiter – gestürzt hat. Als sie gespürt haben, dass es so nicht weiter geht, haben sie sich gemeinsam überlegt, welche Rituale und welcher Rhythmus ihnen helfen könnte, wieder gut miteinander umzugehen. Und so einigten sie sich, dass nach dem Frühstück jeder den Vormittag für sich hat. Die Frau arbeitete im Haushalt. Der Mann zog sich in sein Arbeitszimmer zurück, wo er etwas las oder schrieb. Oder aber er ging spazieren oder pflegte seine verschiedenen Hobbys. Dann freuten sie sich wieder auf das gemeinsame Mittagessen, den Mittagsschlaf. Die Nachmittage gestalteten sie verschieden. Manchmal machten sie etwas gemeinsam, eine Wanderung oder einen Besuch. Manchmal blieb jeder für sich. Seitdem geht es ihnen gut.

Wichtig ist also, dass die Partner sich bereits vor dieser Umbruchsituation, die der Übergang vom Beruf ins Privatleben bedeutet, überlegen, wie ein neues gutes Gleichgewicht von Nähe und Distanz sein könnte. Sie dürfen sich keine Vorwürfe machen, dass sie sich auch einmal auf die Nerven gehen. Zuviel zusammen zu sein tut dem Menschen nicht gut. Jeder braucht immer beides: Gemeinschaft und Alleinsein, Nähe und Distanz, gemeinsame Unternehmungen und Dinge, die man gerne allein tut, in denen man sich vergessen kann und keinen Beobachter dabei hat.

In seinen „Ufergedanken", mit denen sich Jörg Zink von seinen Lesern verabschieden möchte, kommt er auf seine Ehe zu sprechen, die er seit fast sechzig Jahren mit seiner Frau Heidi führt. Und er nennt sieben Gründe für ein gelingendes Miteinander auch im

Alter. Ich möchte nur die beiden ersten Gründe zitieren, die die Spannung zwischen Nähe und Distanz auf neue Weise aufgreifen. „Vielleicht ist das erste, das helfen kann, ein Gönnen. Dem anderen eigene Wege gönnen, eigene Zeit, einen eigenen Zeitrhythmus, eigene Entscheidungen, eigene Wünsche. Eigene Freundschaften. Überhaupt ihm gönnen, dass er ein eigener Mensch ist, der sein Leben mit seinen eigenen Augen sieht. Vielleicht ist es danach ein Lassen. Ein freilassender Respekt vor den Gedanken des anderen, die man nicht alle zu wissen braucht. Respekt vor seinen inneren Erfahrungen, die er nicht alle zu erzählen und die man selbst nicht zu wissen braucht. Ein Wissen auch, dass eine Frau und ein Mann kaum etwas gleich empfinden werden. Respekt auch vor dem Gebet, das verborgen im anderen geschieht, ohne dass es laut werden muss. Glaubensvorstellungen, die ganz die eigenen bleiben. Und vor allem, niemals verlangen, dass der eine den anderen zu imitieren habe."

Eine Angst, die weh tut

Viele Menschen, die in einer glücklichen Partner-schaft leben, haben Angst, dass der Partner früher stirbt. Diese Angst ist verständlich. Einer Frau, de-ren Mann an Krebs erkrankt war, habe ich gesagt: Sie werden sich allein fühlen, wenn Ihr Partner vor Ihnen stirbt. Und Sie wissen nicht, wie Sie allein das Leben schaffen. Ihr Mann hat sich um die Finanzen und um das Haus gekümmert. Sie fühlen sich mit diesen Dingen überfordert. Sie werden den Schmerz spüren, sich nicht mehr mit Ihrem Mann unterhal-ten zu können, ihn nicht mehr zu umarmen und zu küssen. Er wird Ihnen an Ihrer Seite fehlen. Wenn Sie etwas freut, können Sie es ihm nicht erzählen. Wenn Ihnen etwas schwer fällt, haben Sie nieman-den, dem Sie es mitteilen können. Und die Stütze und Liebe, die Sie all diese Jahre erfahren haben, werden wegfallen. Das tut weh. Aber Sie sollen da-rauf vertrauen, dass Sie in sich neue Fähigkeiten ent-wickeln und dass Sie mit dem Segen Gottes Ihren Weg gut weiter gehen können und zum Segen wer-den für Ihre Kinder.

Wir können die Angst vor dem Tod des Partners nicht vertreiben. Aber wir können sie Gott hinhalten und ihn bitten, dass er seine gnädige Hand über uns halten möge. Es möge so geschehen, wie es für beide gut ist. Wenn die Frau zuerst stirbt, wird es für ihren Mann auch nicht leicht sein. Niemand kann im Voraus wissen, wer von den beiden Partnern es schwerer haben wird, wenn der andere stirbt. Wir können es nur Gott überlassen und versuchen, in unserer Angst um das Vertrauen zu bitten, dass wir bei allem Schmerz um den Verlust unser Leben trotzdem schaffen werden. Der, der zurückbleibt, hat die Kinder und Freunde. Und vor allem haben wir Gott, auf den wir uns stützen können. Und wenn der Partner gestorben ist, wird er uns vom Himmel her weiter begleiten. Er wird uns den Rücken stärken und uns manchmal den richtigen Gedanken eingeben, wie wir mit den konkreten Dingen des Lebens umgehen können. Und wir können darauf vertrauen, dass wir dann auch Neues in uns selbst entfalten werden, dass wir neue Kräfte in uns spüren werden, neue Möglichkeiten und neue Lebendigkeit. Und die Partner dürfen darauf hoffen, dass sie sich – ganz gleich, wer zuerst stirbt – in der Ewigkeit wiedersehen werden, dass ihre Liebe durch den Tod nicht zerbrochen werden kann. Denn die Liebe ist stärker als der Tod. Wir werden weder aus der Liebe Gottes, noch aus der Liebe des Partners herausfallen.

Auch Trauernde können den Blick in die Gegenwart und in die Zukunft richten

Ein 65-jähriger, dessen Frau vor einem Jahr an Krebs gestorben war, schrieb mir: „Es ist, als ob ein Teil von mir gestorben ist und mir nun fehlt. Ich kann mich mit meinen 65 Jahren doch nicht noch einmal auf die Suche nach einem Partner machen?" Viele ältere Menschen machen eine solche Erfahrung.

Wir müssen unserer Trauer genügend Raum lassen. Es tut weh, dass der Partner gestorben ist. Niemand darf sich von anderen vorschreiben lassen, wie schnell er seine Trauer überwinden muss. Jede Trauer hat ihre eigene Dauer und will als Erfahrung angenommen werden. Aber die Trauer hat verschiedene Phasen. In der Trauer werden die unterschiedlichsten Gefühle hochkommen. Es ist immer auch eine innere Arbeit mit der Trauer verbunden. Ein wichtiger Schritt der Trauer ist, nach der Botschaft zu fragen, die die Partnerin durch ihr Leben und ihr Sterben an mich richtet. Wer war meine Frau wirklich? Was hat sie bewegt? Was hat sie getragen? Wofür hat sie gelebt? Die Erinnerung an die Partnerin tut weh, aber zugleich werden wir in ihr mehr und mehr ihr Geheimnis erkennen. Und dann können wir sie fragen: Was möchtest Du jetzt von mir? Wie soll ich mit meinem Leben umgehen, wo ich kaum mehr leben möchte? Man kann auch einen Brief an die verstorbene Partnerin schreiben, in dem man ihr für alles dankt, was sie für einen bedeutet hat, in dem man auch um Vergebung bitten kann für alles, was nicht optimal war. Und dann kann man versuchen, einen Brief der Partnerin an sich selbst zu schreiben. Vielleicht wehrt sich da etwas. Wir meinen, es seien ja doch nur die eigenen Gedanken, die wir da schreiben. Doch das macht nichts. Auch wenn es eigene Gedanken sind, werden sie aus einer Tiefe kommen, in der sich die eigenen Gedanken mit den Gedanken der Partnerin vermischen. Und wir werden bemerken, dass es uns gut tut. Wenn wir diesen Brief der Partnerin an uns selbst schreiben, dürfen wir nicht so viel nachdenken. Wir sollen dabei nicht im Kopf sein, sondern mehr in der Hand, sie soll schreiben, was aus ihr herausfließen möchte.

Ein weiterer Schritt der Trauer wird sein: Wie möchte ich antworten auf das Leben und auf die Person meiner Frau? Wie kann ich jetzt, da ich allein lebe, trotzdem in Beziehung zu ihr bleiben und mit meiner ganzen Person und Existenz eine Antwort geben auf das, was ich durch sie und mit ihr erlebt und erfahren habe? Wenn wir über unsere Antwort nachdenken, werden wir nicht nur um die Vergangenheit kreisen, sondern langsam den Blick in die Gegenwart und in die Zukunft lenken. Eine Frage, die sich dabei stellt, wird vielleicht sein: Soll ich allein leben oder wieder heiraten? Auf diese Frage gibt es keine allgemeine Antwort. Es gibt Männer, die sagen: Die Beziehung zu meiner Frau war so einmalig. Ich kann keine neue Beziehung eingehen. Das wäre Verrat an ihr. Andere haben das Gefühl, dass ihnen ihre Frau die Erlaubnis gibt, ja dass sie sie sogar dazu drängt, nicht allein zu bleiben. Wichtig ist, dass ich auf mein Gefühl höre. Es kann sein, dass die ersten Jahre der Trauer erst durchlebt werden müssen, bevor ich überhaupt offen bin für diese Frage. Und dann kann ich die Frage ja nicht einfach beantworten. Ich kann mir ja nicht einfach einen neuen Partner suchen. Ich kann nur offen sein für diese Frage. Und wenn ich dann jemandem begegne und das Gefühl habe, eine Beziehung mit ihr oder ihm würde für mich stimmen, dann kann ich mich in aller Freiheit dafür entscheiden.

Soziale Beziehungen:
Sich einbringen in die Gemeinschaft

Das Bedürfnis, gebraucht zu werden

Irgendwo „dazuzugehören" ist ein menschliches Urbedürfnis. Das Gefühl, von anderen gebraucht zu werden ist für viele auch eine Form, Sinn in ihrem Leben zu erfahren. Im Blick auf ihr Alter haben heute viele die Angst, nicht mehr gebraucht zu werden und vielleicht einmal nicht mehr dazuzugehören. Als Vater und Mutter wurde man von den Kindern gebraucht. Man hat die Familie gestaltet und sie vielleicht auch dirigiert. Jetzt gehen die Kinder ihre eigenen Wege. Sie brauchen die Eltern und ihren Rat nicht mehr. Die Mutter meint, sie müsse im Haushalt der Tochter aushelfen. Doch die Tochter möchte es nicht. Sie will ihr Haus selbst in Ordnung halten. Wer im Betrieb eine angesehene Stellung hatte, macht jetzt die schmerzliche Erfahrung, dass ihn niemand mehr um Rat fragt, dass er mit seinem Wissen und seiner Erfahrung nicht mehr gebraucht wird. Die Angst, nicht mehr gebraucht zu werden, beginnt bei der Frau oft früher als beim Mann. Die Mutter wird nicht mehr als Mutter von den Kindern gebraucht, die ihre eigene Familie gegründet haben. Der Mann bekommt Angst, nicht mehr gebraucht zu werden, wenn er seinen Beruf aufgibt. In der Firma hat er

Entscheidungen getroffen, nichts lief ohne ihn, er fühlte sich unersetzlich. Als Privatmann kann er höchstens noch im Haushalt mithelfen.

Wir können die Angst nicht verdrängen. Die Angst hat ja immer einen Sinn. Sie zeigt mir, woher ich mich bisher definiert habe. Ich habe meinen Wert davon abgeleitet, dass ich für andere wichtig bin, dass sie mich nötig haben, dass sie meinen Rat brauchen oder zumindest mein Geld. Wenn mein Geld und meine Fähigkeiten nicht mehr gebraucht werden, dann muss ich einen anderen Grund in meinem Leben finden, auf den ich mein Lebenshaus bauen kann. Die Angst lädt mich ein, mir vorzustellen, wie es sein wird, wenn ich nicht mehr gebraucht werde. Bin ich dann nichts mehr wert? Woher definiere ich mich dann? Was gibt dann meinem Leben einen Sinn? So drängt mich die Angst dazu, aus mir selbst oder aus Gott heraus zu leben und nicht mehr aus dem Gebrauchtwerden heraus. Wenn ich unbedingt gebraucht werden will, dränge ich mich anderen auf und erfahre vielleicht gerade so immer wieder Ablehnung. Wenn ich jedoch aus mir heraus lebe, dann werden immer wieder Menschen auf mich zukommen und mich um Rat fragen. Dann werde ich – und sei es nur von Zeit zu Zeit – auch wieder gebraucht. Aber ich definiere mich nicht mehr darüber.

Verantwortung übernehmen, damit unsere Welt menschlicher wird

Ein inzwischen 68-jähriger, der vor seiner Pensionierung in seiner Firma Verantwortung für eine Abteilung und als Vater Verantwortung für seine Familie übernommen hatte, nicht nur für die finanzielle Absicherung, sondern auch für die Erziehung und den Zusammenhalt, sagte mir, dass er darin den Sinn seines Lebens gefunden habe, und er fragte sich: Soll ich jetzt mit 68 Jahren alle Verantwortung loslassen und anderen überlassen?

Es gibt heute leider viele Menschen, die sich weigern, Verantwortung zu übernehmen. Sie erwarten alles von den anderen. Die anderen sind schuld, wenn ihr Leben nicht gelingt. Doch die Schattenseite der Verantwortung besteht darin, dass wir in der Verantwortung für andere auch die Macht erfahren, die wir haben. Wir sind wichtig. Ohne uns geht das Leben der anderen nicht. Das stärkt unser Selbstwertgefühl. Daher fällt es uns schwer, die Verantwortung loszulassen. Es gehört beides zur Verantwortung: die Bereitschaft sie zu übernehmen und die Fähigkeit sie loszulassen. Loslassen gelingt nur dem, der vertraut, dass nun ein anderer die Verantwortung übernimmt, dass die Kinder nun für sich selbst verantwortlich sind oder dass Gott die Verantwortung für sie hat. Dann kann ich meine

Verantwortung für die Kinder verwandeln, indem ich für sie bete.

Die Verantwortung für die Firma und für die Familie loszulassen sieht jeweils anders aus. In der Firma sollen wir vertrauen, dass unser Nachfolger die Verantwortung übernimmt und die Firma gut weiter führt. Wir müssen den Nachfolger nicht beraten oder gar kontrollieren, ob er weiterhin zum Wohl der Firma arbeitet. Mit der Verantwortung für die Familie ist es anders, sie können wir nicht einfach loslassen. Aber sie wandelt sich. Die Eltern müssen nicht mehr dafür sorgen, dass die Kinder versorgt sind. Sie müssen sie nicht mehr erziehen. Aber auch als ältere Menschen tragen sie Verantwortung für die Familie, dass sie nicht auseinander fällt, sondern noch zusammenhält. Ältere Menschen nehmen ihre Verantwortung anders wahr als früher, weniger durch Tun als vielmehr durch Sein. Sie antworten auf die Kinder, wenn sie Fragen und Probleme haben. Aber sie gehen nicht aktiv auf die Kinder zu, um ihnen vorzuschreiben, wie sie handeln sollen.

Vor allem aber haben die alten Menschen für sich selbst Verantwortung. Ich bin verantwortlich für die Ausstrahlung, die ich auf andere habe. Daher ist es meine Aufgabe, mich mit mir selbst auszusöhnen. Das ist nicht nur mein Privatvergnügen, sondern geschieht immer schon in Beziehung zu meiner Umwelt.

Wir tragen durch die innere Versöhnung mit uns selbst dazu bei, dass von uns etwas Heilsames und Versöhnendes ausgeht in diese Welt. Wir tragen dazu bei, dass die Welt um uns herum menschlicher wird.

Es gibt viele Formen, Verantwortung für andere zu übernehmen. Wir sollten uns nicht einfach nur auf uns zurückziehen, sondern uns durchaus fragen, wo unsere Verantwortung gebraucht wird und wo sie für andere zum Segen werden kann.

Sich einbringen: Brücken bauen in der Gesellschaft

Alte Menschen sind keineswegs nur eine Last für die Gesellschaft, sondern können auch ein Segen für sie sein. Sie können Brücken bauen zwischen den Generationen und zwischen Konfliktparteien. Nicht umsonst werden oft ehemalige Politiker, meistens alte und reife Männer oder Frauen, als Schlichter genommen, wenn die Tarifparteien sich ineinander verhakt haben und nicht mehr weiter kommen. Alte Menschen können offensichtlich größere Freiheit und Souveränität vermitteln und wirken beruhigend auf die Hektik unserer Zeit. Sie rücken die Maßstäbe zurecht, die immer wieder aus dem Lot zu geraten drohen. Bei aufgeregten Debatten, in denen man alles in Frage stellt, können sie ausgleichen und auf das Wesentliche hinweisen. Sie lassen sich durch Krisen nicht mehr so leicht aus dem Gleichgewicht bringen. Sie haben schon genügend Krisen durchgemacht.

Aber auch aus anderem Grund können sie sich in die Gesellschaft einbringen und eine wichtige Funktion erfüllen. In der nachberuflichen Phase ist ihr großes „Kapital" das, was sie – im Gegensatz zu früher – jetzt in Fülle haben, Zeit nämlich. Diese Zeit können sie jetzt denen zur Verfügung stellen, die sie brauchen: Kindern, Kranken, wirklich Alten.

Es ist einfach ein Faktum, und es ist auch gut so: Die meisten Ehrenamtlichen, die sich um Kranke und Obdachlose, um Arme und Alleingelassene kümmern, sind ältere Menschen. Sie besuchen Kranke im Krankenhaus. Sie kümmern sich um Menschen, die ihren Haushalt nicht mehr schaffen. Sie arbeiten in den Vereinen mit, backen den Kuchen für die gemeinsamen Feste und helfen mit, wo Hilfe gebraucht wird. Einige engagieren sich in der Hospizarbeit und blühen da auf. Sie sehen eine sinnvolle Aufgabe darin, Sterbende zu begleiten. Diese Arbeit konfrontiert sie immer auch mit dem eigenen Tod und dem eigenen Leben. Andere sind bereit, sich für praktische Aufgaben einzusetzen, bringen die Fähigkeiten, die sie im Beruf erworben haben, nun ehrenamtlich ein. Wieder andere organisieren einen Besuchsdienst für die Kranken und Alleinstehenden, die daheim oft ohne Ansprache sind. Sie sind bereit, für alte Menschen einzukaufen, denen das selbst schwer fällt. Manche gehen in den Kindergarten und lesen den Kindern vor. Andere helfen jungen Eltern, die berufstätig sind, bei der Kinderbetreuung. Solche Hilfsangebote müssen auch organisiert werden. In manchen Städten gibt es einen von Pensionären aufgebauten Service für Hausaufgabenbetreuung, für Besorgungen des Alltags, für Gartenpflege, für Kinderbetreuung usw. Die Möglichkeiten, sich zu engagieren, sind zahllos. Unsere Gesellschaft wäre arm ohne die vielen ehrenamtlichen Helfer. Was sie tun, ist gelebte Solidarität. Sie übernehmen Verantwortung für andere und setzen der Vereinzelung und der Einsamkeit der Massengesellschaft etwas entgegen. Sie geben viel. Und sie bekommen auch etwas zurück, wenn sie anderen helfen: Dankbarkeit, Freude, Zufriedenheit – Lebenssinn.

Gelassenheit und Vertrauen in das Leben vermitteln

Gelassenheit und Vertrauen sind zwei Haltungen, die alten Menschen entsprechen und mit denen sie für andere Menschen zum Segen werden. Gelassenheit hat mit Loslassen zu tun. Weil ich meine Aufgaben und mein Ego loslasse, kann ich die Menschen und die Dinge so lassen, wie sie sind. Ich begegne ihnen gelassen, ohne den Druck, sie ändern zu müssen. Wenn ich meine hohen Erwartungen an mich selbst loslasse, kann ich auch mich so lassen, wie ich bin. Dann wächst in mir das Vertrauen, dass das Leben so, wie es ist, gut ist. Ich vertraue mir selbst und den Menschen. Und ich vertraue auf Gott, dass er mein Leben trägt. Das Vertrauen schenkt mir Festigkeit. Weil ich auf festem Fundament stehe, kann ich mich und die Menschen so lassen, wie sie sind.

Ältere Menschen sollen sich nicht mit den jungen Menschen vergleichen und sich auch nicht vergleichen lassen. Im Alter sollen wir das Vergleichen anderen überlassen und versuchen, zu unserer Rolle Ja zu sagen und unser Alter anzunehmen. Wir müssen uns nicht entschuldigen, dass wir jetzt alt geworden sind. Im Gegenteil, wir sollen dankbar sein, dass wir dieses Alter erreicht haben. Und wir sollen darauf vertrauen, dass wir gerade als dieser alte Mensch ein Segen sind für die Gesellschaft. Alte Menschen können oft besser zuhören als junge Menschen. Sie können besser beurteilen, was wirklich wichtig ist im Leben. Sie können manches gelassener anschauen und angehen, weil sie schon viele Erfahrungen gesammelt haben. Sie haben mehr Weitblick als die Jungen.

Die Erfahrung und die Fähigkeit, die Dinge in größeren Zusammenhängen zu sehen, geben alten Menschen nicht nur Gelassenheit, sondern zugleich Vertrauen in das Leben und in die Zukunft. Und dieses Vertrauen sollen sie auch der Gesellschaft vermitteln. Sie hat es bitter nötig. Ältere Menschen sollten in der Gesellschaft Zeugnis geben für die Werte, die ihnen im Leben wichtig waren und heute noch sind, für die Werte, die auch heute das Leben in der Gesellschaft wertvoll machen könnten. Ohne solche Werte zerfällt eine Gesellschaft, sie kann ohne sie nicht überleben.

Mit der Einsamkeit ausgesöhnt und offen für Beziehungen

Einsamkeit ist keine Erfahrung, die dem Alter vorbehalten ist. Einsamkeit tut immer weh. Dennoch ist klar, dass das Thema in späteren Jahren wichtiger wird: wenn die Kinder nicht mehr im Haus sind, wenn langjährige Freunde verstorben sind oder sich durch Umzug weit entfernt haben. Wenn Krankheit hinzukommt, ist ein alter Mensch vielleicht nicht mehr beweglich genug, um andere zu besuchen. Dann dürfen wir dem Schmerz über die Einsamkeit nicht aus dem Weg gehen.

Wir müssen betrauern, dass wir nicht mehr umschwärmt werden von den Menschen, die uns bewundern. Das auszuhalten tut weh. Wenn wir das betrauern, kommen wir in Berührung mit dem Grund unserer Seele, in dem neue Möglichkeiten des Lebens und neue Fähigkeiten bereit liegen. Wer den Schmerz über seine Einsamkeit nicht betrauert, der jammert entweder oder aber er klagt andere an, dass sie ihn allein lassen. Er geht nicht durch den Schmerz hindurch, sondern bleibt vor dem Schmerz stehen und badet in Selbstmitleid. Im Selbstmitleid kann er schwimmen und rudern und kommt doch keinen Schritt vorwärts. Das Betrauern der eigenen Einsamkeit lässt mich mein Alleinsein in neuer Weise erleben. Das deutsche Wort „einsam" ist zusammengesetzt aus „ein" und „sam". „Ein" meint die Einheit des Menschen, eins zu sein mit sich selbst. „Sam" kommt von sammeln und bedeutet „mit etwas übereinstimmend, zusammenhängend". Einsam ist also eigentlich ein positiver Begriff. Er meint, dass der Mensch mit sich selbst übereinstimmt, dass er eins geworden ist mit sich selbst und dazu innerlich ja gesagt hat. Ähnlich positiv kann man das deutsche Wort „allein" deuten. Peter Schellenbaum meinte einmal, es sei doch herrlich „all-eins" zu sein, mit allem eins zu sein. Zum Alter gehört das Alleinsein, dass der Mensch mit allem zusammen gewachsen ist, eins geworden ist mit der ganzen Welt. Im Alter hat er all das erfahren, was in seiner Seele an Möglichkeiten bereit liegt. Und damit versucht er, eins zu werden, einverstanden zu sein.

Die Einsamkeit, die uns weh tut, will uns daran erinnern, dass wir noch nicht eins geworden sind mit uns. Wenn wir die Einsamkeit als Schmerz erfahren, dann sollen wir nicht vor der Einsamkeit fliehen, sondern sie aushalten. Im Aushalten der Einsamkeit können wir mit uns selbst in Berührung kommen. Und wir ahnen, dass wir nicht ganz allein sind, sondern dass Gottes heilende und liebende Gegenwart uns umhüllt. Allerdings können wir nicht immer unsere Einsamkeit aushalten. Wir sollen spüren, wo es besser ist, bei uns zu bleiben, und wo wir auch etwas nach außen tun sollen, um uns nicht mit unserem Alleinsein zu überfordern. Wir können Freunde anrufen. Wir können zu andern Menschen gehen, Gruppen besuchen, Kurse machen, uns für andere engagieren. Es braucht einen gesunden Ausgleich zwischen Einsamkeit und Gemeinschaft.

Der erste Schritt auf diesem Weg zu einer gesunden Balance besteht darin, sich mit seiner Einsamkeit und seinem Alleinsein auszusöhnen und es positiv anzunehmen, um das Einssein mit sich selbst und mit allem, was ist, zu genießen. Der zweite Schritt aber besteht darin, offen zu sein für Beziehungen.

Freundschaft bleibt ein hohes Gut

Wer mit sich gut allein sein kann, der ist auch in der Zeit des Älterwerdens fähig, Beziehungen zu knüpfen und Freundschaften aufzubauen. Er ist nicht angewiesen auf Freunde. Er sucht sich keine Freunde, um dem Alleinsein aus dem Weg zu gehen. Denn dann würde er die Freunde nur dazu benutzen, dass er sich nicht allein fühlt. Er öffnet sich für Beziehungen und Freundschaft und ist dankbar, wenn sie gelingen. Aber er läuft ihnen nicht um jeden Preis nach. Er lässt sich auf Freundschaft ein, wo sie sich ergibt. Letztlich ist Freundschaft immer Geschenk. Aber ich kenne viele alte Menschen, die im Alter noch wunderbare Freunde gefunden haben, mit denen sie sich gut verstehen. Immer ist in dieser Freundschaft auch die Atmosphäre von Freiheit. Man benutzt den Freund nicht, sondern lässt ihn frei. Man ist dankbar für die Freundschaft und für die innere Verbindung, die auch im Alter möglich ist. Wer im Alter neue Freunde gefunden hat, soll diese Freundschaft genießen. Sie ist ein Segen für das Alter.

Die alten Freundschaften bekommen im Alter eine neue Bedeutung. Da erfahren wir Treue. Ich kenne viele alte Menschen, die sich im Alter auf einmal an die alten Freunde erinnern und wieder Kontakt mit ihnen aufnehmen. Andere verbringen mehr Zeit mit den alten Freunden als früher. Sie spüren, dass es ihnen gut tut, Erinnerungen auszutauschen, aber auch darüber zu reden, wie es einem im Alter geht und wie man mit den Herausforderungen des Lebens heute umgeht. Es ist schön, wenn alte Freunde einander ehrlich sagen können, wie es ihnen jetzt geht. Im Alter werden Freunde offener und ehrlicher. Sie müssen voreinander keine gute Figur mehr machen. Sie können ihr Leben ungeschönt erzählen und auf diese Weise annehmen und sich damit aussöhnen. Freundschaft ist im Alter ein hohes Gut.

Keiner ist überflüssig, jeder ist wertvoll

Alte Menschen fragen oft: „Wie kann ich mich heute noch nützlich machen?" Oder sie klagen: „Ich bin doch zu nichts mehr nutze." Dabei ist oft gar nicht die Frage nach dem Nutzen gemeint. Es geht um die Frage nach dem Sinn, nach der Zugehörigkeit und der Anerkennung durch die anderen, die für uns in allen Lebensphasen wichtig ist. Niemand soll sich überflüssig fühlen. Das würde ihn nicht nur innerlich nach unten ziehen, es verrät auch die eigene Würde. Als Menschen sollen wir uns nicht von der Nützlichkeit her definieren, also nicht von dem, was wir noch leisten können. Wenn jemand noch zupacken kann, dann soll er es dort tun, wo er es für sinnvoll erachtet, in der Pfarrei, in dem Verein, in dem er sich engagiert, oder bei Nachbarn, die der Hilfe bedürfen. Und er darf dankbar sein, dass er noch für andere da sein kann. Das gibt ein gutes Gefühl, das Gefühl, noch gebraucht zu werden und für andere etwas tun zu können. Aber wer von seiner Gesundheit oder der inneren Situation her nicht viel für andere tun kann, der kann immer noch für andere beten. Meine Mutter hat ihre sehr reduzierte Sehkraft dazu benutzt, für die Menschen zu beten, zunächst für ihre Kinder und Enkelkinder, aber dann auch für all die Menschen, von deren Not sie im Radio oder im Fernsehen erfahren hat. Auf diese Weise hat sie sich noch nützlich gefühlt. Sie hat gespürt, dass sie auch in ihrer Krankheit noch etwas beitragen konnte für andere. Unsere alten Mitbrüder, die auf der Krankenstation liegen, kommen aus eigenem Antrieb täglich am Nachmittag zusammen, um gemeinsam den Rosenkranz zu beten, einmal für die Anliegen unserer Gemeinschaft, aber auch für all die Nöte dieser Welt. Auf diese Weise fühlen sich die alten Mitbrüder noch wertvoll. Sie haben noch eine Aufgabe. Auch wenn sie nach außen nichts leisten können, können sie für andere beten. Und sie vertrauen darauf, dass ihr Gebet für die anderen zum Segen wird.

5. Zu sich selber finden

Eine chassidische Weisheit sagt: „Nur für die Einfältigen ist das Alter der Winter. Für die Weisen ist es die Zeit der Ernte." Es kommt immer auf den Blick an. Wenn ich das Alter als Winter deute, dann beginne ich zu frieren, wenn ich an die Zeit denke, die auf mich zukommt. Doch wenn ich es als Zeit der Ernte sehe, dann freue ich mich darauf, die Ernte zu genießen. Ernte bedeutet nicht nur, dass ich im Alter auf meine Leistungen zurückblicken kann, auf das, was ich beruflich geleistet habe, auf die Projekte, die ich in Gang gebracht habe, auf die Familie, die ich gegründet habe und an der ich mich nun erfreuen darf, wenn sie immer weiter wächst. Ernte meint vielmehr, dass ich selbst zur Frucht geworden bin, dass ich zu mir selbst gefunden habe, zu meinem wahren Wesen. Seit jeher feiert man Erntefeste, bei denen man die Früchte der Ernte genießt. So kann auch das Alter zum Genießen dessen werden, was in uns gewachsen ist.

Das Ziel des Älterwerdens ist, in Einklang zu kommen mit meinem wahren Wesen, mit dem ursprünglichen Bild, das Gott sich von mir gemacht hat. Im

Alter geht es nicht mehr darum, etwas zu leisten, sondern etwas zu sein. Ich bin etwas, nicht wenn ich anerkannt bin und wenn die Menschen über mich reden. Ich bin etwas, ich bin einfach da, wenn ich ganz ich selber bin, ohne Nebenabsichten, ohne Druck, mich besonders darstellen zu müssen. Ich muss nichts aus mir machen. Ich habe zu mir selbst gefunden. Jetzt bin ich einfach ich selbst.

Dieser Weg zu mir selbst ist lang. Und auch im Alter bin ich noch nicht am Ziel. Ganz am Ziel werde ich erst sein, wenn ich meine Geschichte im Tod vollende. Und doch ist schon das Alter eine gewisse Vollendung meiner Lebensgeschichte. Ich bin durch diese Geschichte zu dem geworden bin, der ich jetzt bin. Die ganze Geschichte gehört zu mir, auch viele Brüche. Und dazu gehört auch, dass ich mich oft genug als zerrissen und von mir selbst entfremdet gefühlt habe. Alles, hat mich zu dem geformt, der ich jetzt bin. Das Bild, das sich Gott von mir gemacht hat, hat sich durch alle Geschehnisse meines Lebens immer mehr durchgesetzt. Es ist aber auch geformt worden durch die äußere Geschichte. So hat dieses Bild in meiner Lebensgeschichte Fleisch angenommen. Es ist nach außen hin sichtbar geworden.

Im Alter geht es darum, durch meine Lebensgeschichte und durch meine Lebensträume, die ich von früher Kindheit an hatte, mein eigene Einmaligkeit zu entdecken, das, was mein wahres Wesen, mein authentisches Selbst ausmacht. Je mehr ich meine Einzigartigkeit entdecke, desto mehr werde ich dankbar sein für mein Leben und desto mehr werde ich mein Alter als Ernte erfahren, in der ich die Frucht meines Lebens einbringen kann, eine Frucht, an der sich viele andere erfreuen können.

Die eigene Lebensgeschichte akzeptieren.
Und das Vergangene loslassen

Annehmen und Loslassen sind die beiden Grund-
vollzüge des Lebens. Sie sind die Voraussetzung,
dass das Leben gelingt. Es gibt ein Grundgesetz der
Seele: Du kannst nur loslassen, was du angenommen
hast. Annehmen heißt: Ich nehme meine Vergangenheit an, so wie sie war. Ich muss nicht ständig nachfragen: Was wäre gewesen, wenn …? Wie wäre mein
Leben verlaufen, wenn das oder jenes nicht passiert
wäre? Solche Fragen sind Energieverschwendung.
Sie führen nicht weiter. Mein Leben ist so verlaufen,
wie es verlaufen ist. Das muss ich akzeptieren. Akzeptieren heißt aber nicht, zähneknirschend annehmen, was war, sondern versuchen, innerlich mein Leben und mich selbst mit dieser Lebensgeschichte zu
bejahen. Ganz gleich was war, ich bin durch meine
Lebensgeschichte zu dem geworden, der ich jetzt
bin. Und ich nehme mich so an. Ich verzichte darauf,
mir ständig Vorwürfe zu machen, dass ich so bin,
oder an mir herumzukritisieren, dass doch vieles besser sein müsste.

Wenn dieser erste Schritt gelungen ist, dann kann ich
den zweiten tun: Loslassen, was war. Loslassen heißt
nicht: vergessen, sondern das ständige Kreisen um
Vergangenes loslassen, die Grübeleien loslassen, ob
es nicht hätte anders werden können. Akzeptieren

und Loslassen sind normalerweise zwei Schritte hintereinander. Aber sie gehen auch ineinander. Indem ich die Selbstvorwürfe loslasse, lerne ich, mich zu akzeptieren. Und umgekehrt gilt: Indem ich mich annehme, lasse ich die ständige Beschäftigung mit der Vergangenheit los. Ich lebe jetzt im Augenblick. Ich bin offen für das, was die Gegenwart bringt und wie sie mich herausfordert.

Es gibt noch eine andere Form des Loslassens. Manche Alten leben nur noch in der Vergangenheit. Sie erzählen immer die gleichen Dinge von früher. C. G. Jung sagt von solchen Menschen: „Wer kennt nicht jene rührenden alten Herren, die die Studentenzeit immer wieder aufwärmen müssen und nur im Rückblick auf ihre homerische Heldenzeit ihre Lebensflamme anfachen können, im übrigen aber in einem hoffnungslosen Philistertum verholzt sind?" Diese Menschen leben nicht in der Gegenwart. In den Erzählungen von ihren Jugendtaten möchten sie selbst zum ewig Jungen werden. Doch für Jung ist das nur „ein kläglicher Ersatz für die Erleuchtung des Selbst", die eigentlich den alten Menschen zieren würde. Daher ist es wichtig, auch das Kreisen um die alten Großtaten loszulassen und jetzt im Augenblick zu leben.

Das Leben vorwärts leben und rückwärts verstehen

Es ist eine wichtige Frage, mit welchen Maßstäben wir an die Bewertung unseres Lebens herangehen. Wer nur fragt: Was habe ich verdient? Wie viel Geld hinterlasse ich meinen Erben?, der wird sich als Versager vorkommen, wenn er nicht genügend Besitz vorzuweisen hat. Doch das sind keine guten Maßstäbe. Es kommt auch nicht darauf an, ob alles glatt gelaufen ist. Vielmehr sollten wie die Frage so stellen: Wem bin ich zum Segen geworden? Wo habe ich Segen hinterlassen? Welchen Menschen habe ich geholfen? Wer hat durch mich neue Hoffnung geschöpft? Wem bin ich freundlich begegnet? Wem habe ich geholfen, sein Leben besser zu bewältigen? Und man kann sich fragen: War ich authentisch? Welche Werte habe ich in meinem Leben geschätzt? Was habe ich ausgestrahlt mit meinem Dasein?

Bei der Frage nach dem Sinn sollten wir auch nicht nur zurückblicken. Denn das Leben geht weiter: „Das Leben wird vorwärts gelebt und rückwärts verstanden", hat der Begründer der Logotherapie Victor E. Frankl gesagt. Mit der veränderten Fragerichtung verändert sich die Blickrichtung und auch die Sinn-Perspektive: Welchen Sinn hat mein Leben jetzt? Oder: welchen Sinn möchte ich meinem Leben jetzt geben? Das Leben hat einen Sinn, wenn ich ganz der bin, der ich von Gott her bin, wenn ich authentisch lebe und meine ganz persönliche Lebensspur in diese Welt eingrabe. Aber mein Leben hat nicht nur in sich einen Sinn. Ich kann ihm auch einen Sinn geben. Ich kann das, was ich lebe, bewusst leben. Und ich kann mir überlegen, dass ich nicht nur für mich allein lebe, sondern immer schon in Gemeinschaft mit anderen und letztlich für andere. Wenn ich mit mir zufrieden bin, strahle ich auch Frieden in meine Umgebung aus. Dann bekommt mein Leben auch für andere einen Sinn. Und es bekommt eine neue Perspektive nach vorne.

Sinn hängt auch mit Sendung zusammen: auf die Reise schicken, jemanden zu einem Auftrag senden. Ich kann mich fragen: Welche Sendung habe ich heute? Fühle ich einen inneren Auftrag, für andere zu sorgen, mich für andere zu engagieren? Aber auch, wenn jemand krank ist und nach außen nicht mehr viel tun kann, hat sein Leben hier und jetzt einen Sinn, wenn es bewusst in Solidarität mit anderen gelebt wird und wenn wir das, was wir tun können – zufrieden sein, dankbar sein, beten – bewusst auch für andere tun, damit es ihnen besser geht.

Man kann die Vergangenheit nicht verändern, aber die Einstellung zu ihr

Sein Leben Revue passieren zu lassen und anzuschauen, was gewesen ist, zu fragen, wie alles gekommen ist, das ist sinnvoll. Es ist auch ein Zeichen der Reife. Denn wir sind immer auch in Gefahr, an uns vorbei, einfach so in den Tag hineinzuleben. Daher ist es gut, sich immer wieder zu hinterfragen: Lebe ich stimmig und authentisch, in Übereinstimmung mit meinem wahren Wesen? Aber das Hinterfragen hat auch Grenzen. Es gibt Menschen, die alles hinterfragen, die nichts stehen lassen können, so wie es ist. Solches Hinterfragen kann auch Ersatz für das nicht gelebte Leben sein. So hat man eine Ausrede, sich nicht wirklich auf das Leben einzulassen.

Die Vergangenheit zu hinterfragen hilft nicht weiter. Denn die Vergangenheit kann man nicht ändern. Sich in der Gegenwart zu hinterfragen, ist durchaus sinnvoll. Aber dieses Hinterfragen soll nicht nur mit dem Kopf geschehen. Denn der Kopf wird immer weiter analysieren und doch nicht zu einer Antwort kommen. Stattdessen hilft es, sich einfach still hinzusetzen und in sich hineinzuhorchen. Ich spüre in meinem Leib, ob mein Leben so, wie ich es lebe, stimmt. Mein Leib zeigt mir, wo ich an mir vorbei lebe. Wenn ich auf meinen Leib horche, möchte ich ehrlich mit mir umgehen. Aber ich verzichte darauf, mich zu beurteilen und zu bewerten. Im Horchen auf den Leib komme ich in Berührung mit mir selbst. Ich spüre, ob ich mich wohl fühle in meinem Leib oder ob mir mein Leib zeigt, dass ich im Zwiespalt mit meinem innersten Wesen lebe. So finde ich einen Weg, bewusster und intensiver und authentischer zu sein und zu leben.

Wir können die Vergangenheit nicht mehr ändern, sondern nur unsere Einstellung zur Vergangenheit. Dann wird sie uns auch in einem anderen Licht erscheinen. Ganz bestimmt aber können wir uns heute noch ändern. Nicht alles – aber manches. Dort, wo wir mit unserem Verhalten nicht zufrieden sind, können wir es ändern. Dort, wo wir mit unserem Denken nicht zufrieden sind, können wir lernen, anders zu denken. Und dort, wo unsere Beziehungen zu anderen Menschen nicht in Ordnung sind, können wir etwas verwandeln. Das, was uns *heute* möglich ist, sollten wir *heute* tun. Es ist nie zu spät, sich zu ändern. Jesus lädt uns immer wieder von neuem ein: „Kehrt um! Denkt um! Wach auf! Lebe bewusst!" Jesus ist überzeugt, dass wir aufwachen, umkehren und umdenken können. Nicht irgendwann, sondern heute. In jedem Augenblick.

Um vergangene Fehler und alte Verwundungen zu kreisen führt nicht weiter

Menschen haben im Verlauf ihres Lebens viele Verletzungen durch andere Menschen erfahren. Und sie selber haben andere oft verletzt und vieles versäumt, was sie hätten tun sollen. Wie umgehen mit den Wunden, die mir geschlagen wurden, und mit den Verletzungen, die ich anderen zugefügt habe?

Zunächst sollte man aufhören, sich selbst zu beschuldigen und anzuklagen. Das hilft nicht weiter. Im Prozess des Älterwerdens bekommt die Frage nach Vergebung und danach, wie sie so spät noch gelingen kann, eine große Bedeutung. Wenn wir auf eine längere Geschichte unseres Lebens zurückschauen, werden wir vieles sehen, was wir nicht mehr ändern und in ein neues Licht stellen können. Einen Menschen, mit dem wir gerne noch einmal reden würden, der aber schon gestorben ist, können wir nicht mehr um Vergebung zu bitten. Wir können unser Leben nur anschauen, so wie es war, mit den Verletzungen, die uns zugefügt worden sind, mit den Wunden, die wir anderen geschlagen haben, mit dem, was wir aus unserer heutigen Sicht in unserem Leben falsch gemacht haben. Wir sollen uns dann weder beschuldigen noch entschuldigen. Vielmehr sollen wir das Leben mit allem, was war und ist, in die Liebe Gottes hineinhalten, in dem Vertrauen, dass seine Vergebung uns von allen Schuldgefühlen befreit und seine Liebe alles zu wandeln und zu heilen vermag. Es ist wichtig, den anderen zu vergeben, die uns verletzt haben, aber auch uns selbst. Vergebung braucht Zeit. Vergeben heißt, das, was war, weggeben. Einmal bedeutet es: es beim anderen lassen und aufhören, ständig darum zu kreisen. Aber es heißt auch: es in das Erbarmen Gottes hinein weggeben, es ihm übergeben, in dem Vertrauen, dass sowohl wir als auch jene, die wir verletzt haben, von ihm angenommen sind. Vergeben ist ein Akt der Befreiung. Wir sollen uns befreien von der negativen Energie, die durch die Verletzung noch in uns ist. Und statt dieser negativen Energie, die sich als Bitterkeit, Groll, Ressentiment ausdrückt, sollen wir die positive Energie der Liebe Gottes in das eigene Herz strömen lassen.

Wenn wir anderen nicht vergeben können, geben wir ihnen Macht über uns. Wir sind dann innerlich noch an sie gebunden. Das ist aber gegen unsere Würde. Wir sollen uns also befreien, indem wir die Verletzungen bei den Menschen lassen, die uns verletzt haben. Schwerer ist es, sich selbst zu vergeben. Das gelingt nur, wenn wir uns verabschieden von der Illusion, dass wir alles richtig machen, dass wir perfekt sind, dass wir ein Leben lang mit einer weißen Weste herumlaufen können. Es tut weh, sich von diesem illusionären Selbstbild zu verabschieden und zu betrauern, dass wir fehlbare Menschen sind. Wenn wir unsere Fehlbarkeit und Blindheit betrauern, dann können wir das, was wir falsch gemacht haben, loslassen. Wir hören auf, uns selbst Vorwürfe zu machen. Und wir verzichten darauf, die vergangenen Fehler als Vorwand zu nehmen, um der Gegenwart und ihren Herausforderungen auszuweichen. Manche kreisen lieber um die vergangenen Fehler, als sich dem zu stellen, was jetzt dran ist. Sie sollten sich fragen, was sie davon haben, dass sie sich ständig ihr Versagen vorwerfen. Gott wirft es ihnen bestimmt nicht vor. Aber vielleicht werfen sie es sich vor, damit sie den Vorteil haben, sich jetzt um die Verantwortung für ihr Leben zu drücken. Niemand tut sich einen Gefallen, wenn er in den Selbstvorwürfen stecken bleibt. Wir sollen sie loslassen und uns selbst mit unserer Durchschnittlichkeit und Fehlerhaftigkeit in das Erbarmen Gottes halten. Dann werden wir Frieden finden.

Auch Unzufriedenheit bringt uns in Berührung mit unserer Sehnsucht

Menschen, die nicht zufrieden sind mit ihrem Leben, – damit, wie es war und wie es jetzt ist –, tun sich schwer, wenn man ihnen sagt, sie sollten dankbar auf ihr Leben schauen und zufrieden sein, dann würde das Alter schöner. Wer mit seinem Leben unzufrieden ist, kann nicht einfach beschließen, ab heute zufrieden zu sein. Zunächst sollte er sich allerdings fragen, warum er unzufrieden ist. Wer sich dieser Frage stellt, wird auf Maßstäbe stoßen, die ihn in seinem Leben geprägt haben: Zufrieden bin ich nur, wenn ich alles richtig mache, wenn mir alles gelingt, wenn mich die Menschen mögen, wenn ich Erfolg habe. Indem er diese Maßstäbe formuliert, wird er merken, dass er falschen Normen gefolgt ist. Er muss sich also erst von seinen Maßstäben verabschieden. Unsere Maßstäbe führen aber zugleich zu unseren Bedürfnissen. Manche haben das Bedürfnis, dass alle sie lieben und dass sie überall Erfolg haben. Wir sollen uns für unsere Bedürftigkeit nicht verurteilen. Aber indem wir sie uns eingestehen, werden unsere Bedürfnisse die Macht über uns verlieren. Sie werden relativiert.

Dann können wir versuchen, unsere Bedürfnisse zu Ende zu denken. Wenn mir alles gelingt, wenn ich bei allen beliebt bin, werde ich dann wirklich zufrieden sein? Letztlich münden unsere Bedürfnisse in die Sehnsucht nach Glück und Geborgenheit. Und diese Sehnsucht kann kein Mensch erfüllen, sondern allein Gott. Wir sollen also unser Leben im Licht Gottes anschauen. Dann werden wir allmählich die richtigen Maßstäbe für unser Leben finden. Uns wird klar, was uns eigentlich trägt und wohin unser Weg uns führen möchte. Unsere Unzufriedenheit bringt uns in Berührung mit unserer Sehnsucht, die letztlich nur eine absolute Liebe zu erfüllen vermag. Diese Sehnsucht hält uns lebendig. Und sie verwandelt langsam die Unzufriedenheit in Zufriedenheit. Wir fangen an, Gott für unser Leben zu danken. Und im Gespräch mit ihm werden wir fähig, Ja zu sagen zu uns und unserem Leben und dankbar zu sein für das, was war und was ist. Und wir werden getrost in die Zukunft schauen.

Spuren, die bleiben

Menschen haben die Sehnsucht nach Dauer. Viele fragen sich in all der Flüchtigkeit, die wir um uns herum erleben: Was bleibt von mir zurück, wenn ich einmal nicht mehr bin? Was kann ich meiner Nachwelt hinterlassen? Welche Spuren kann ich eingraben in die Welt?

Wir müssen nicht unbedingt ein großes Werk hinterlassen, ein Buch, das wir geschrieben haben, einen Verein, den wir gegründet haben oder eine Stiftung, die wir ins Leben gerufen haben. Für viele Menschen sind solche Dinge durchaus etwas, das ihnen das Gefühl gibt, sie würden etwas Gutes oder Wichtiges in dieser Welt zurücklassen. Aber nicht jeder hat das Geld, um eine Stiftung zu gründen. Nicht jeder kann ein Buch schreiben. Nicht jeder kann mit seinen Erfolgen in der Zukunft noch glänzen. Doch wir leben jetzt. Wir strahlen jetzt etwas aus. Wir sprechen heute mit Menschen. Wir schauen sie in diesem Moment freundlich oder unfreundlich an. Wir können darauf achten, dass wir so wie wir uns verhalten, mit unseren Worten, mit unserer Stimme etwas Heilendes und Ermutigendes, etwas Fröhliches und Liebevolles in diese Welt ausstrahlen. Wenn wir einmal gestorben sind, werden sich andere daran erinnern, wie wir sie angeschaut haben, wie wir auf ihre Not reagiert haben, welche Worte wir ihnen gesagt haben.

Die Gedanken, die wir gedacht haben, die Worte, die wir gesprochen haben, das, was wir getan haben, kann nicht rückgängig gemacht werden. Es wirkt weiter in der Welt, zumindest in den Menschen, die wir gekannt haben. So kann jeder von uns jeden Tag eine Spur eingegraben, die auch anderen ein besseres Leben ermöglicht.

Immer verlangt das Leben nach Entfaltung

Viele, die im Älterwerden nachdenken, über das, was sie getan, wofür sie ihre Kraft eingesetzt haben, fragen sich: Hat sich mein Einsatz gelohnt? Was habe ich denn erreicht? Was ist aus meinen Träumen geworden? Diese Bilanzfragen haben durchaus ihren Sinn. Nachzudenken ist gut. Aber es kommt darauf an, wie wir auf diese Fragen schauen und wie wir sie beantworten. Bei der Frage, ob sich mein Einsatz gelohnt hat, soll ich nicht so sehr auf das Ergebnis schauen. Wenn ich mich für andere eingesetzt habe, dann liegt darin schon ein Wert. Es ist gar nicht so wichtig, was herausgekommen ist. Wer sich als Lehrerin an der Schule für seine Schüler eingesetzt hat, sollte nicht fragen, was hängen geblieben ist. Wenn die Schüler gespürt haben, dass der Lehrerin an ihrem Wohl liegt, hat sich der Einsatz auf jeden Fall gelohnt. Auch Eltern sollten sich die Frage nicht so stellen. Vielleicht haben die Kinder sich anders entwickelt, als sich die Eltern das vorgestellt haben. Auch die Eltern sollten dann darauf vertrauen, dass der Same, den sie ausgestreut haben, in den Kindern aufgeht. Ganz gleich, wie die Frucht aussehen wird.

Bei der Frage „Was habe ich erreicht?" sollten wir auch nicht auf äußere Ergebnisse schauen. Ich bin durch das, was ich gemacht und was ich gelebt habe, der geworden, der ich jetzt bin. Das habe ich erreicht. Ich bin bei mir angekommen. Ich habe mich erreicht, ich habe mein wahres Wesen erlangt. Und ich soll dankbar auf das schauen, was ich jetzt bin.

Viele haben im Alter den Eindruck, dass sie die Lebensträume ihrer Kindheit und ihrer Jugend nicht erfüllt haben, dass sie an ihnen vorbei gelebt haben. Vielleicht haben sie den Traum von einer großen Familie gehabt. Doch aus der Partnerschaft ist nichts geworden oder dem Ehepaar sind Kinder verwehrt geblieben. Nicht der Lebenstraum an sich ist zerbrochen, sondern nur die konkrete Ausführung, die ich mir vorgestellt habe. Aber die Essenz des Lebenstraumes bleibt. Die Essenz des Lebenstraumes einer großen Familie könnte sein, dass ich durch meine Begegnungen, durch meine Freundschaften, durch meine Arbeit als Lehrerin eine andere Familie gegründet habe, eine Familie von Gleichgesinnten. Ich habe zwar keine Kinder gehabt. Aber viele haben durch mich das Leben gelernt. So ist mein Leben doch fruchtbar geworden. Wenn wir das Gefühl haben, unseren Lebenstraum nicht gelebt zu haben, sollen wir genau nachfragen, was denn hinter den konkreten Träumen an eigentlicher Essenz versteckt liegt. Und diese Essenz können wir jetzt immer noch leben.

Ganz gleich, welchen Lebenstraum wir hatten, wir sollen versuchen, ihn heute neu zu träumen. Wir sollen mit dem Traum nicht der Wirklichkeit ausweichen, sondern uns selbst realistisch fragen, wie wir das Wesen des Lebenstraumes heute mit all dem, was wir gelebt haben, verbinden können. Das, was ich gelebt habe, ist wertvoll. Das hat mich zu dem gemacht, der ich jetzt bin. Aber ich soll auch in mich hineinspüren, wie ich das, was ich jetzt bin, mit meinem Lebenstraum verbinden kann und was jetzt in mir neu aufblühen möchte.

Auch in der Depression kann eine Weisheit liegen

Fast alle Menschen kennen Zeiten, in denen sie sich freudlos und traurig oder mutlos und niedergeschlagen fühlen. Verlusterlebnisse häufen sich aber im Alter. Wir verlieren Angehörige, Freunde. Im Beruf müssen wir loslassen. Die Gesundheit ist nicht mehr wie früher. Depressive Störungen, mutlose und freudlose Phasen können dann die Lebensqualität stark beeinträchtigen. Das Gefühl der Wertlosigkeit, der Verlust an Interesse oder die Unfähigkeit, Freude zu zeigen, sind Anzeichen dafür.

„Du bist so jung wie deine Zuversicht": Diesen Satz Albert Schweitzers darf man nicht umdrehen. Denn es stimmt ja nicht, dass Depression, Trauer, dunkle Phasen nur dem Alter zuzurechnen sind, auch wenn Altersdepressionen häufig auftreten. Sie haben verschiedene Ursachen und auch verschiedene Farben. Man kann eine Altersdepression aber unabhängig von der psychischen Ursachenforschung oder der klinischen Diagnose auch als etwas Positives verstehen: als eine Einladung, sich zu verabschieden von den Illusionen, die wir uns vom Leben gemacht haben. Etwa von der Illusion, dass sich die Jungen um uns kümmern und uns achten. Oder von der Illusion, dass wir bis zuletzt den Menschen etwas zu sagen haben und dass unsere Meinung gefragt ist. Es ist schmerzlich, all das zu verabschieden, was uns ein Leben lang ausgemacht hat. Wenn dieser Abschied nicht gelingt, dann reagiert die Seele in einer Depression. Dann müssen wir uns der eigenen Trauer stellen. Die Altersdepression ist nicht einfach eine Krankheit. Sie ist oft die Einladung, sein Altsein anzunehmen und all das loszulassen, was mir im Leben wichtig war und was mir das Alter nun wegnimmt. Es ist die Einladung das, was mir genommen wird, zu betrauern, um durch das Betrauern in den eigenen Seelengrund zu gelangen und dort die neuen Möglichkeiten zu entdecken, die im Altsein stecken.

Das Wort von Albert Schweitzer dürfen wir nicht als Vorwurf benutzen gegenüber alten Menschen, die an depressiven Verstimmungen leiden. Es erinnert mich vielmehr daran, dass ich trotz aller Trauer auch zuversichtlich in die Zukunft schauen soll. Gott wird mich weiterhin begleiten. Auch im Alter werde ich Neues entdecken. Für C. G. Jung ist die Altersdepression durchaus etwas Positives. Sie zeigt mir, dass meine Seele schon ein wenig Abschied nimmt von dieser Welt. Daher kann diese Welt sie letztlich nicht mehr erfreuen. Das ist aber nur ein Aspekt des Alters. Wenn ich dem Dunklen in mir nicht ausweiche, dann kann ich mich auch wieder am Licht erfreuen. Die Depression zeigt mir, dass alles vergänglich ist, dass ich mich von all dem verabschieden muss, woran ich heute noch hänge.

Die Jüngeren lieben und die Älteren ehren

Der hl. Benedikt stellt für das brüderliche Miteinander in seiner klösterlichen Gemeinschaft die Regel auf: „Die Jüngeren sollen die Älteren ehren, die Älteren die Jüngern lieben." (RB 63,10) Benedikt fordert von beiden etwas, von den Jüngeren und von den Älteren. Die Älteren sollen die Jüngeren lieben. Lieben meint, die anderen so anzunehmen, wie sie sind, sie gern haben. Lieben ist das Gegenteil von Neid. Wenn die Alten die Jungen um ihre Jugend beneiden, dann werden sie oft hart im Urteil über die Jugend. Das harte Urteil will nur darüber hinwegtäuschen, dass die Alten mit sich selbst nicht zufrieden sind, dass sie sich selbst nicht ehren und achten.

Die Jüngeren sollen die Älteren ehren. Ehren heißt nicht, dass ich mich den Alten unterwerfe oder alles für gut halte, was sie tun. Aber ich achte sie. Auch hinter der dementen Fassade ist ein einmaliger Mensch, mit einer göttlichen Würde. Die Älteren ehren heißt für mich, dass ich mich vor ihnen und dem Geheimnis ihres Lebens verbeuge. Ich achte ihr Leben, auch wenn ich nicht mit allem einverstanden bin, was sie gelebt haben. Aber ich urteile nicht über sie. Ich lasse ihr Leben in seiner Unbegreiflichkeit stehen. Die Älteren ehren heißt immer auch, sich selbst achten. Wer die Alten verachtet, verachtet einen Teil seiner selbst. Denn ein Teil von ihm ist ja auch alt. Und er selbst wird alt werden. So drückt er mit seiner Verachtung der Alten seine eigene Angst aus, alt zu werden und er ehrt sich selbst nicht.

Die Älteren ehren bedeutet also, die eigene Herkunft respektieren. Ich schaue auf das, was ich von den Alten empfangen habe. Ich muss nicht alles von ihnen übernehmen. Aber ich habe mit meinem Leben auf das zu antworten, was sie vor mir gelebt haben. Das meint ehren: Ich respektiere ihre Lebensleistung, ihren Versuch, in ihrer Geschichte mit den Voraussetzungen, die sie mitgebracht haben, das Beste zu machen. Ich kopiere sie nicht, aber ich respektiere sie und versuche, im Blick auf sie meine eigene Identität zu finden und das zu entdecken, was mein Leben wertvoll macht.

6. Sich der eigenen Seele öffnen

C. G. Jung meint, das Ziel des Älterwerdens ist, immer mehr in Berührung mit seiner Seele zu gelangen. „Seele" meint den inneren Bereich des Menschen, den Bereich, in dem Gott selbst in ihm wohnt. Der spirituelle Weg kann eine große Hilfe sein, im Prozess des Älterwerdens mit seiner Seele in Kontakt zu kommen. Wer mit seiner Seele in guter Fühlung lebt, der wird unabhängig von der Meinung der Menschen. Der hat keine Angst vor dem Älterwerden. Denn er definiert sich nicht von äußeren Dingen, sondern vom Reichtum seiner Seele her.

Jeder hat andere Wege gefunden, mit seiner Seele in Berührung zu kommen. Für die einen ist es die Religionsausübung wie das tägliche Beten, der sonntägliche Kirchgang, die Meditation und das Lesen der Bibel. Andere gehen den Weg nach innen über die Musik. In der Musik öffnen sie sich ihrer Seele. Die Musik beflügelt ihre Seele. Für andere ist es die Kunst. Sie spüren in der Begegnung mit den Bildern großer Künstler den Reichtum ihrer eigenen Seele. Ihre Seele ist nicht nur fromm. Aber im Schauen der Bilder entdecken sie in ihrer Seele neben den Abgründen des Dunklen und des Bösen auch die Sehnsucht nach Gott. Andere kommen in der Natur mit ihrer Seele in Berührung. Da beginnt sie, aufzuatmen.

Aber manchmal brauchen wir uns gar keinen Weg zu suchen, um in Kontakt mit der eigenen Seele zu gelangen. Das Leben selbst bricht uns auf, damit wir nach innen gehen. Die Brüche des Leben zerbrechen auch die Panzer, die wir um uns herum aufgebaut haben, um uns vor unserer eigenen Seele zu schützen. Wenn wir in unserem Beruf scheitern, wenn uns die Gesundheit vor Probleme stellt, wenn eine Beziehung auseinander geht, wenn der Ehepartner vor uns stirbt, dann werden die äußeren Absicherungssysteme brüchig. Wir spüren gerade in diesen Erfahrungen unsere Seele. Wir erkennen, dass wir bei all der äußeren Brüchigkeit nicht bestehen können, wenn wir unser Lebenshaus auf das Äußere bauen. Wir brauchen die Seele, die unserem Leben wahren Halt gibt und in der wir die eigene Einmaligkeit erkennen, in der wir das eigene Selbst entdecken. Wenn wir auf dem Grund unserer Seele unser wahres Selbst finden und mit ihm eins werden, dann finden wir in allen äußeren Turbulenzen doch einen inneren Halt.

Religion kann zur Schule des Alters werden

Die Religion hat in jeder Lebensstufe eine eigene Bedeutung. In der Kindheit schenkt Religion eine Geborgenheit über die Geborgenheit hinaus, die die Eltern zu bieten haben. In der Jugend wird die Religion zur Herausforderung, an sich zu arbeiten und die Haltungen zu verwirklichen, die die Religion vertritt. Für Erwachsene hat die Religion die Aufgabe, das, was ich tue, zu relativieren, so dass ich nicht nur in der Arbeit und im Erfolg aufgehe. Die Religion zeigt mir die andere Welt, die die diesseitige Welt übersteigt. Aber zugleich gibt sie mir Kraft, diese Welt im Sinn der Religion zu gestalten. Im Alter kann Religion wieder Geborgenheit bedeuten. Wie in der Kindheit ist es die Erfahrung eines Getragenseins von Gott, auch in Krankheit, Abhängigkeit und Hilflosigkeit. Die Religion – so C. G. Jung – war seit jeher die Schule, die uns lehrt, wie wir die zweite Lebenshälfte gut bewältigen können. Sie lehrt uns, das Irdische loszulassen und die Haltungen wie Gelassenheit, Dankbarkeit, Frieden und Liebe zu lernen. Und die Religion, die uns ein ewiges Leben verheißt, lehrt uns, den Tod anzunehmen und ihn als Einladung zu verstehen, jetzt bewusst und intensiv zu leben. Sie stärkt die Gewissheit, dass unser zeitlich begrenztes Leben mit dem Tod nicht völlig und endgültig aus ist, sondern uns die Erfüllung unserer Sehnsucht in einer unendlichen Liebe erwartet.

Im Alter verändern sich Glaube und Religion auch insofern, als nicht mehr die äußeren Formen so wichtig sind. Viele alte Menschen können nicht mehr in den Gottesdienst gehen. Dann wird die innere Haltung wichtig. Im Alter geht es darum, in der Stille offen zu werden für Gott und sich mit allem, was einen erwartet, in Gottes Liebe hinein zu ergeben. Diese innere Haltung der Hingabe an Gott schenkt inneren Frieden und Gelassenheit und Zuversicht.

Den eigenen spirituellen Weg finden – Vertrauen vertiefen

Der 80-jährige Schriftsteller und Musikkritiker Joachim Kaiser hat kürzlich gesagt: „Ich bin im Alter nicht frömmer geworden." Er ist sicher nicht der Einzige, der das so von sich sagt. Es ist eine Tatsache, dass das Alter nicht automatisch frömmer macht. Es gibt keine Normen, wie man im Alter zu sein hat, es ist von niemandem festgelegt, ob man da frömmer oder weniger fromm sein soll. Es ist so, wie es ist. Es gibt viele alte Menschen, die Halt in einem tiefen Glauben finden. Und es gibt andere, die sich jetzt sogar schwer tun mit dem Glauben, der sie jahrelang getragen hat. Neue Zweifel tauchen auf: Stimmt das alles, was ich geglaubt habe? Kann ich an das ewige Leben glauben? Was erwartet mich wirklich? Es ist gut, wenn wir dann den Zweifeln Raum geben. Die Zweifel zwingen uns, den Glauben von den Projektionen zu unterscheiden, die wir mit der Religion verbunden haben.

Im Alter eine gesunde und der eigenen Person gemäße Spiritualität zu entwickeln, ist die Aufgabe für jeden Einzelnen. Was die „richtige" Spiritualität für einen Menschen ist, kann ein anderer von außen nicht sagen. Spiritualität ist ein Weg in das eigene Innere. Wir können ihr auch in einem Ritual nachgehen, wenn wir uns einmal in aller Ruhe hinsetzen und in uns hineinhorchen: Was taucht da an Gedanken und Gefühlen auf? Sind es nur die Erinnerungen an das Frühere? Sind es Selbstvorwürfe? Sind es nicht erfüllte Wünsche? All diese Gedanken und Gefühle dürfen sein. Wir können versuchen, durch diese Gedanken und Gefühle hindurch auf den Grund unserer Seele zu gelangen. Dort kommen wir in Berührung mit dem ursprünglichen Bild, das Gott sich von uns gemacht hat. Wir werden dieses Bild nicht konkret sehen. Aber wir bekommen eine Ahnung davon, wer wir von unserem Ursprung her sind. Jeder ist einmalig und einzigartig. Spiritualität hat mit dieser Einzigartigkeit zu tun. Auf dem Grund unserer Seele ahnen wir etwas von unserer Einmaligkeit und zugleich von Gott, der im Grund unserer Seele wohnt als das Geheimnis, das uns übersteigt.

Eine zweite Möglichkeit, den ganz eigenen spirituellen Weg zu finden, ist es, folgenden Fragen nachzuspüren: Was möchte ich mit meinem Leben? Was ist der Sinn meines Lebens? Besteht der Sinn nur darin, etwas vor den Menschen vorzuweisen? Oder macht meinen wahren Wert etwas anderes aus? Spiritualität heißt, durchlässig zu sein für den Geist Gottes, für den Geist Jesu Christi, offen zu sein dafür, dass wir in dieser Welt etwas ausstrahlen vom Geist Jesu. Das bedeutet aber, selbst immer wieder neu zu fragen: Wer ist dieser Jesus Christus für mich? Wie hat er gedacht, wie hat er von Gott gesprochen?

Was hat er ausgestrahlt? Was ist die Essenz seines Lebens? Wie verändert seine Person und seine Geschichte mein eigenes Leben, mein Denken und Sprechen? Wenn ich mich auf diese Fragen einlasse, wird die Ahnung möglich, dass es um Durchlässigkeit für Gott geht, letztlich um die Durchlässigkeit für die Liebe, die mehr ist als unser Gefühl.

Der dritte Weg, die eigene Spiritualität zu finden, ist die konkrete Lebensgestaltung. Spiritualität lebt oft von konkreten Ritualen. Rituale bringen mich immer wieder in Berührung mit meinem wahren Wesen. Sie geben mir Anteil an dem Glauben derer, die vor mir gelebt haben und mit diesen Ritualen ihren Glauben ausgedrückt haben. Jeder kann sich fragen, was für ihn gute Rituale wären, durch die er in Berührung kommt mit dem Glauben, der ihn als Kind getragen hat, mit dem Glauben, der seinen Vorfahren die Kraft schenkte, ihr Leben mit all den Bedrohungen und Bedrängnissen zu meistern. Das geistliche Leben braucht eine ganz bestimmte Form, eine Kultur des Lebens. Dazu gehören auch die gemeinsamen Rituale, wie sie in den kirchlichen Gottesdiensten gefeiert werden. Ich kann nicht – wenn ich es jahrelang nicht praktiziert habe – auf einmal zum eifrigen Kirchgänger werden. Aber vielleicht probiere ich es einmal aus, in den Gottesdienst zu gehen. Wenn ich all die negativen Erfahrungen, die ich vielleicht mit Kirche gemacht habe, einmal weglasse, werde ich vielleicht doch von dem einen oder anderen Wort oder Lied oder Ritual berührt.

Wer sich auf seinem spirituellen Weg immer und überall von Gottes heilender und liebender Nähe umgeben weiß, der kann leichter auch mit schwierigen Zeiten umgehen, mit Zeiten der Krankheit, der Einsamkeit, des Verletztwerdens. Er verliert die Angst vor der Vereinsamung, vor der Hilflosigkeit und Schwäche des Alters. Er vertraut darauf, dass er in allen Situationen in Gottes guter Hand ist, von seinem Segen begleitet. Man könnte sagen: Spiritualität im Alter bedeutet, dass ich mit dem inneren Raum der Stille in Berührung bin, in dem Gott in mir wohnt. Diese Wohnung Gottes in mir wird im Tod nicht zerstört, sondern nur verwandelt in die ewige Wohnung, in der ich für immer in ihm daheim sein darf.

„Wenn die äußere Sehkraft nachlässt, wird die innere Sehkraft stärker"

Die innere Sehkraft wird im Alter nicht automatisch stärker. Viele betäuben sich vielmehr, indem sie den ganzen Tag den Fernseher laufen lassen, um sich noch lebendig zu fühlen. Oder sie decken ihre innere Leere mit zahllosen Aktivitäten zu. Es ist eine Herausforderung des Alters, nach innen zu gehen. C. G. Jung hat das als die eigentliche Aufgabe des Alters gesehen: den Weg nach innen zu gehen, den Weg in den eigenen Seelengrund zu beschreiten. Auch Hermann Hesse hat davon geschrieben, dass er im Alter die Stille sucht, weil er tiefer sehen und sich nicht mit dem Oberflächlichen zufriedengeben möchte. Wenn ich außen nicht mehr viel habe, was mich befriedigt, ist der Weg nach innen zugleich ein Weg zum inneren Reichtum, zum Reichtum der eigenen Seele, zum Schatz der Erinnerungen, die in mir bereit liegen, aber letztlich auch zum Schatz des wahren Selbst, zum Schatz Gottes in mir.

„Wenn die äußere Sehkraft nachlässt, wird die innere Sehkraft stärker", dieser Satz Platons lässt vielleicht manchen, der das bei sich nicht erlebt, fragen: Mache ich etwas verkehrt? Wie finde ich Zugang zu meinem Inneren, zu meiner Seele? Eine Übung, die der Focusingtherapeut Klaus Renn seinen Klienten vorschlägt, kann helfen, den Weg zu sich selbst zu finden. Wenn wir uns bequem hinsetzen und in unseren Leib hineinhorchen, können wir fragen: Wo fühlt es sich in meinem Leib am besten an? Wo ist ein angenehmer Ort in meinem Leib, an dem ich mich wohl fühle? Ich kann diesen angenehmen Ort dann mit meinem sanften Atem betreten und in diesem inneren Raum ein wenig verweilen. Was kommen da für Ahnungen und Sehnsüchte in mir hoch? Vielleicht spüre ich, dass ich auf einmal in meinem Leib zu Hause bin, dass ich ganz bei mir selbst bin. Ich höre auf, außen spazieren zu gehen. Ich höre auf, zu jammern, dass jetzt niemand da ist, mit dem ich sprechen kann. Ich spüre mich selbst. Und in mir, in meinem Leib, ist es angenehm. Ich bin daheim bei mir, weil ich ahne, dass in mir mehr ist als meine Lebensgeschichte. In mir wohnt ein Geheimnis, das mich übersteigt. Das ist letztlich Gott. Aber dort, wo er in mir wohnt, bin ich zugleich ganz ich selbst. Da bin ich frei von den Erwartungen der Menschen, von ihren Urteilen und Verurteilungen. Da bin ich heil und ganz. Dort kann mich niemand verletzen. Dort bin ich ursprünglich. Wer diese Erfahrung macht, der ist in seinem Inneren angekommen, der ist bei seinem wahren Selbst angelangt. Und dort fühlen wir uns daheim.

Festhalten an überkommenen Formen und innere Freiheit sind keine Gegensätze

Viele alte Menschen sind konservativ und möchten, dass die alten Rituale gefeiert werden. Andere fühlen sich im Alter freier als früher. Es ist immer gut, nicht ängstlich nur auf die Verlautbarungen anderer zu schauen, sondern seiner inneren Freiheit, dem eigenen Gefühl zu trauen. Ich habe bei meiner Mutter erlebt, dass sie im Alter immer freier geworden ist. Sie war immer eine gläubige Katholikin. Die Treue zum Papst und zur Kirche war für sie klar. Aber im Alter sagte sie öfter, wenn sie in der Zeitung etwas vom Papst las: „Der Papst hat auch nicht immer Recht." Sie traute einfach ihrem Gefühl und ihrer Lebenserfahrung, die nicht mehr mit dogmatischen Engführungen zusammenpasste. Die Erfahrung mit den Menschen in ihrem langen Leben hat sie weit gemacht. Diese Weite ist eine Folge der Lebenserfahrung und eine Kraft des Herzens, die innere Freiheit gibt, aber auch auf die anderen Menschen ausstrahlt. Sie ist ein Zeichen von Lebendigkeit

Aber zugleich hat meine Mutter die alten Rituale geliebt. Sie ist jeden Tag in den Gottesdienst gegangen und hat gerne die alten Kirchenlieder gesungen. Und sie hatte für sich selbst viele persönliche Rituale, mit denen sie den Tag bewältigt hat. Es gab also keinen Gegensatz zwischen ihrer inneren Freiheit und den alten Ritualen. Ängstlichkeit macht eng. Doch wenn ich das Gefühl habe, dass mir die alten Rituale gut tun und mir Anteil an der Glaubenskraft meiner Vorfahren geben, dann ist das eine gesunde Tradition, die mir ein Gespür für die tiefen Wurzeln gibt, die mein Leben befruchten. Die Rituale vermitteln mir eine Geborgenheit, von der aus ich die Dinge mit innerer Freiheit beurteilen kann. Wer eng an bestimmten Aussagen festhält, der hat Angst, dass sein Lebensgebäude zusammenbricht, wenn er anders denkt. Wer aber in Gott zu Hause ist, hat auch Anteil an seiner Freiheit. Er vermag in Freiheit nachzudenken über sein Leben, über die Menschen und auch über den Glauben.

Selbstvertrauen kann auch im Alter noch wachsen

Natürlich gibt es Menschen, die als Kind wenig Selbstvertrauen hatten und sich auch als Erwachsene schwer damit tun, Vertrauen zu einem anderen Menschen aufzubauen. Sicher wird das mangelnde Vertrauen in der Kindheit sich auch jetzt im Alter auswirken. Solche Menschen werden manchmal eine gewisse Ängstlichkeit spüren, wenn etwas Neues auf sie zukommt. Und sie werden auch weiterhin eher misstrauisch den Menschen begegnen. Dennoch sind wir durch unsere Kindheit nicht einfach festgelegt. Wir können auch im Alter noch etwas lernen. Jetzt im Alter haben wir es nicht mehr nötig, uns zu beweisen. Wir brauchen nicht mehr die Aufmerksamkeit auf uns zu ziehen. Das Alter will uns zur inneren Freiheit und Gelassenheit führen. Und in dieser Haltung ist es leichter, zu vertrauen. Ich habe viele alte Menschen erlebt, die in ihrer Jugend schüchtern waren. Im Alter wurden sie nicht einfach Menschen, die eine ganze Gesellschaft unterhalten konnten. Aber sie ruhten in sich. Und es war ihnen nicht mehr so wichtig, ob sie sich im Gespräch mit anderen geschickt oder ungeschickt anstellten.

Der frühere Abt unseres Klosters Münsterschwarzach, Abt Bonifaz, bat mich im Jahre 1981, monatlich für die jungen Menschen eine Jugendvesper zu halten. Er hatte auf einem Äbtetreffen von guten Erfahrungen mit Jugendvesper gehört. Ich lud ihn ein, doch selbst einmal bei der Jugendvesper predigen. Aber er lehnte es immer ab. Als wir acht Jahre später die 100. Jugendvesper hielten, lud ich ihn wieder ein. Inzwischen war er als Abt zurückgetreten. Und dann hielt er vor den jungen Menschen eine bewegende Predigt. Er meinte, Pater Anselm habe ihn schon früher eingeladen, aber da sei er immer zu schüchtern gewesen. Jetzt mit 77 traue er sich, zur Jugendvesper zu kommen, die ihm immer ein Anliegen gewesen sei. Als alter Mann konnte er gelassen über sich und seine Schüchternheit sprechen. Das hat den jungen Menschen imponiert und sicher auch Mut für ihr eigenes Leben gemacht. Wer sich im Alter mit sich und dem mangelnden Vertrauen, das er in der Kindheit mitbekommen hat, aussöhnt, in dem wandelt sich etwas. Er wird nicht mehr so sehr um die Frage kreisen, ob er jetzt vertrauen kann oder nicht. Er ist einfach da. Wenn dann jemand auf ihn zugeht, ist es gut. Wenn nicht, dann bleibt er bei sich.

Natürlich verlangt das eine gewisse Reife. Und nicht jedem alten Menschen gelingt das. Es gibt immer auch alte Menschen, die ständig darauf aus sind, anerkannt und gesehen zu werden. Sie müssen sich in den Mittelpunkt stellen, um überhaupt das Gefühl zu haben, dass sie wahrgenommen werden. Sie spüren sich nur, wenn sie beachtet werden. Doch das sind unreife Formen des Altseins. Das Ziel des Alters wäre, in sich zu ruhen. Und in sich ruhen heißt für mich auch immer: in Gott ruhen, in Gott den Grund meines Lebenshauses und meines Selbstwerts finden. Und so ist es letztlich die Aufgabe, sein Vertrauen auf Gott zu setzen, nicht auf die eigene Kraft und nicht allein auf die Menschen. Wenn ich auf Gott mein Vertrauen setze, dann wächst auch das Vertrauen in Menschen. Ich mache mich in meinem Vertrauen nicht von den Menschen abhängig. In dieser inneren Unabhängigkeit kann ich Sicherheit gewinnen und neu vertrauen.

Viele sagen, im Alter kommt das deutlicher zum Vorschein, was wir in der Kindheit und Jugend waren. Natürlich gibt es viele alte Menschen, bei denen das mangelnde Selbstvertrauen im Alter zunimmt. Sie trauen sich selbst nichts mehr zu. Sie blicken ängstlich in die Zukunft. Und sie haben ein Grundmisstrauen allen Menschen gegenüber: Verwandten, Nachbarn, Freunden, Ärzten und Helfern. Ein alter Mitbruder erzählte mir, er werde im Alter immer empfindlicher. Und er erklärte mir, woher das kam. Er hatte früh seinen Vater verloren. Jetzt im Alter spürt er den Verlust, nie einen Vater gehabt zu haben, der ihm den Rücken stärkt. Im Alter kann man diesen Verlust nicht wieder gut machen. Aber indem ich ihn eingestehe und den Schmerz nochmals spüre, der mit diesem Verlust verbunden war, kann sich die Wunde langsam wandeln. Ich bleibe empfindlich.

Aber ich söhne mich damit aus. Ich werde sensibler anderen gegenüber. Auf diese Weise wird die Wunde langsam in eine Perle verwandelt, wie es Hildegard von Bingen als Ziel unserer Menschwerdung beschrieben hat.

Wir sind nicht einfach dem, was wir waren, ausgeliefert. Wir können an uns arbeiten. Wir können gelassener werden und Vertrauen gewinnen, Selbstvertrauen, Vertrauen in die Menschen und Vertrauen in Gott. Letztlich ist das Vertrauenlernen eine spirituelle Aufgabe. Ich lerne zu verstehen, dass ich von Gott bedingungslos angenommen bin. Ich versuche mein Vertrauen auf Gott zu setzen. Aber wenn ich an Gott glaube, dann werde ich auch an die Menschen glauben. Ich glaube, dass sie Kinder Gottes sind, dass in jedem Christus und in jedem ein guter Kern ist, zumindest die Sehnsucht, gut zu sein.

Ängste sind auch eine Einladung

Wer in sich hineinspürt, entdeckt vielleicht eine ganze Reihe Ängste, wenn er an sein eigenes Alter denkt: Wer wird sich dann um mich kümmern? Wie gehe ich mit dem körperlichen und geistigen Abbau um? Wie kann ich weiterleben, wenn mein Partner stirbt? Werde ich auf die Hilfe anderer angewiesen sein? Wer wird sich um mich kümmern? Werde ich genügend Geld haben? Wie kann ich es verhindern, in ein Heim zu kommen?

Wir dürfen diese Ängste haben. Wir sollen uns nicht unter Druck setzen, immer mit Vertrauen in die Zukunft schauen zu müssen. Die Ängste sind einfach da. Am besten ist es, die Ängste einzeln anzuschauen und sich zu fragen: Wie kann ich auf die Angst reagieren? Die Angst könnte eine Einladung sein, jetzt schon finanziell für mein Alter vorzusorgen. Die Vorsorge kann die Angst vor der Altersarmut ein wenig eindämmen. Aber allein durch äußeres Tun und Vorsorgen verschwindet die Angst nicht ganz. Ich kenne auch Menschen, die alles tun, um sich für das Alter abzusichern und trotzdem in der ständigen Angst vor dem leben, was im Alter alles eintreten könnte. Daher gilt es auch, an seiner Einstellung zu arbeiten. Ich muss die Angst anschauen und mir vorstellen, was alles geschehen könnte. Gegen manche Eventualitäten kann ich organisatorische Maßnahmen treffen. Bei anderen Dingen, die eintreten könnten, hilft es nur, sich mit all seinen Ängsten in Gottes gute Hand fallen zu lassen und zu vertrauen, dass ich von Gott auch im Alter nicht verlassen werde.

Es gibt äußere Dinge, die man tun kann. Wir können Vorsorge treffen, dass sich jemand im Alter um uns kümmert. Wir können mit den Kindern besprechen, ob sie bereit sind, die Pflege zu übernehmen. Mit der Angst vor dem Heim kann man am besten so umgehen, dass man sich konkrete Heime anschaut. Vermutlich wird man dabei erkennen, dass es viele gute Heime gibt, in denen Menschen auf gute Weise alt werden können. Wer aber lieber von seinen Kindern gepflegt werden möchte, sollte sich mit den Kindern zusammen überlegen, was realistisch ist. Und zugleich sollte er vertrauen, dass er nicht unbedingt eine Pflege braucht und vielleicht bis ins hohe Alter hinein für sich selbst sorgen kann.

Die Angst, ob man genügend Geld haben wird, kann dazu anregen, etwas für das Alter zurückzulegen. Aber dann sollen wir auch darauf vertrauen, dass der Staat für uns Sorge trägt, wenn sich keiner mehr um uns kümmert. Wir fallen nicht aus dem sozialen Netz heraus.

Auch der Angst, dass der Partner vor uns stirbt, müssen wir uns stellen. Da gibt es kein Ausweichen.

Aber wir können darauf vertrauen, dass Gott uns auch Wege zeigen wird, das Leben zu meistern, selbst wenn der Partner nicht mehr da ist. Zugleich ist diese Angst eine Einladung, sich zu überlegen, woraus wir leben. Lebe ich nur von meinem Partner? Bin ich selbst nicht auch einmalig? Wir sind nicht nur Ehepartner. Wir haben auch eine eigene Identität. Natürlich wird es weh tun, wenn der Partner stirbt. Aber der Gedanke an seinen Tod lädt uns ein, jetzt dafür zu sorgen, dass wir Freude haben an unserem Leben. Wir können für das gemeinsame Leben danken und darauf vertrauen, dass das, was gewachsen ist, auch durch den Tod nicht zerbrechen wird.

Alter ist auch ein Geschenk –
und eine Zeit der Gnade

Das Alter kann manchmal eine Last sein. Das kann man nicht verdrängen. Doch es ist gut, auch mal eine andere Sicht zu probieren. Ich muss mein Alter nicht als Geschenk betrachten. Aber ich könnte einmal versuchen, mit dem Bild des Geschenks mein Leben im Alter anzuschauen und mich zu fragen: Wo ist mein Alter wirklich Geschenk? Wo erlebe ich es als Geschenk? Vielleicht spüre ich dann, dass es auch eine Wohltat ist, nicht mehr kämpfen zu müssen, in der Schule, um Prüfungen zu bestehen, sich nicht mehr jeden Tag dem Arbeitskampf auszusetzen, vieles gelassener sehen zu können. Jetzt im Alter habe ich mehr Zeit für mich. Ich brauche nichts mehr zu leisten. Ich darf einfach sein und das Dasein genießen. Ich habe mehr Freiräume, das zu tun, was meinem Herzen entspricht. Ich darf dankbar auf das zurückschauen, was ich geschafft habe, auf meine Familie, auf meine Kinder und Enkelkinder, auf das, was ich im Beruf geleistet habe. Das gibt ja auch eine Befriedigung. Und so können wir im Alter erleben, dass unser ganzes Leben Geschenk war.

Die Frage ist, wie wir das Alter noch als Geschenk erfahren können, wenn der Leib nicht mehr so mitmacht, wenn wir krank werden oder in der Bewegungsfreiheit eingeschränkt sind. Das ist sicher nicht einfach. Das ist ein Trauerprozess, in dem all das betrauert werden muss, was nicht mehr möglich ist. Aber durch dieses Betrauern entdecken wir in unserer Seele neue Chancen: die Möglichkeit, nach innen zu gehen, leisere Töne anzuschlagen, in der Stille zu lesen, nachzudenken, Musik zu hören, sich ganz auf die Gespräche mit den Kindern und Enkelkindern einzulassen, bewusst die Luft wahrzunehmen, die wir einatmen. Es gibt in jeder Situation etwas, für das man dankbar sein kann. Wer einmal überlegt, wofür wir alles dankbar sein können, wird eine Ahnung davon bekommen, dass das Alter nicht nur eine Last ist, sondern wirklich auch ein Geschenk.

7. Zeit wird kostbar

Was unbegrenzt zur Verfügung steht, wird in aller Regel nicht sonderlich geschätzt. Was knapp ist, ist kostbar. Das Alter lehrt uns, auf andere Weise mit der Zeit umzugehen. Wir spüren im Älterwerden, dass die Zeit kostbar ist, zu schade, um sie mit Nichtigkeiten zu füllen. Manche geraten bei diesem Gedanken unter Druck, werden unruhig und oder verfallen in Aktivismus. Es geht aber darum, sich der Zeit bewusst zu werden, sie wahrzunehmen und sie als wertvolle Zeit zu leben.

Der Philosoph Ernst Bloch pries das Alter als eine kostbare Zeit. In ihr wächst nämlich sowohl der Wunsch als auch die Fähigkeit, „das Wichtige zu sehen, das Unwichtige zu vergessen: dergleichen ist eigentliches Leben im Alter." Viele meinen, die Zeit des Alters sei weniger wert, weil wir vieles vergessen. Doch Bloch betont, es gehe darum, das Unwichtige zu vergessen und offen zu werden für das Eigentliche, für das, was wirklich wichtig ist in unserem Leben. Wenn wir offen werden für das, was wirklich zählt, dann wird auch unsere Zeit kostbar. Dann werden wir uns in der Zeit, die uns verbleibt, unseres eigenen Wertes bewusst. Wir sind einmalig. Und die Zeit, die uns gegönnt ist, ist einmalig.

Wenn wir im Alter fähig werden, die Zeit zu genießen, ganz in der Gegenwart zu sein, dann wird sie uns nicht weniger werden und uns nicht durch die Finger rinnen. Sie wird uns in jedem Augenblick geschenkt. Zeit verwandelt sich in Ewigkeit, wenn wir ganz im Augenblick sind. Dann gibt es oft Momente, in denen Zeit und Ewigkeit zusammen fallen, in denen die Zeit still zu stehen scheint. Das ist dann nicht der Stillstand der Zeit im Sinne von Langeweile, sondern von Intensität. Wir berühren in der Zeit schon die Ewigkeit, die Fülle des Lebens.

Die Kunst des Älterwerdens besteht also auch darin, die Zeit auf neue Weise zu erleben, nicht mehr als Gegner, sondern als Freund. „Kostbar ist mir jeder Tropfen Zeit" hat der hl. Augustinus bei seinem Nachdenken über die Zeit geschrieben. Und der alttestamentliche Weise Kohelet hat erkannt: „Alles hat seine Stunde. Für jedes Geschehen gibt es eine bestimmte Zeit." (Koh 3,1) Im Älterwerden sollten wir dem Geheimnis der Zeit nachspüren. Dann werden wir erkennen, dass unsere Zeit in die Ewigkeit Gottes mündet. Nur Gott ist der Zeit enthoben. Solange wir leben, leben wir in der Zeit. Aber in der Zeit strahlt immer wieder schon Gottes Ewigkeit auf.

Es gibt eine erfüllte Zeit
auch jenseits der Terminplaner

Oft hört man von Menschen, die aus dem Berufsleben ausgeschieden sind, den Satz: „Früher habe
ich nur mit dem Terminplaner gelebt. Ich musste
meine Termine genau einteilen. Manchmal war das
eine Last. Aber jetzt ohne Terminplaner zu leben ist
auch nicht so einfach." Manche, die diese Erfahrung
machen, fragen, was sie tun können, damit ihr Alter
keine vergeudete, ungenutzte Zeit wird. Wie kann
man im Alter die Zeit auf neue Weise erfahren?

Unsere Terminplaner haben den Sinn, dass wir
unsere Zeit gut nutzen. Wir strukturieren unseren
Tag so, dass wir die wichtigen Aufgaben in der uns
zur Verfügung stehenden Zeit bewältigen können.
Ältere Menschen brauchen ihre Zeit nicht mehr bis
zum letzten zu verplanen, denn sie müssen nicht
mehr möglichst viel leisten. Aber trotzdem ist es
gut, wenn sie ihrer Zeit eine gute Struktur geben. Jeder sollte sich einen guten Rhythmus für seinen Tag
auswählen. Die Abwechslung, die wir durch den
Rhythmus in den Tag bringen, tut uns gut. Vergeudet
wäre die Zeit, wenn sie mit Nichtigkeiten gefüllt wäre, mit ständigen Nörgeleien, Ärger und Streit. Im
Alter müssen wir zwar nichts mehr leisten, aber es
wäre gut, die Zeit bewusst zu leben. Es ist eine
Kunst, die wir jetzt im Alter lernen sollen: ganz im
Augenblick zu sein, uns auf die Gespräche einzulas-

sen, die wir führen, die Begegnung mit Menschen zu genießen, uns Zeit für den anderen zu lassen. Aber die Zeit ist auch eine erfüllte Zeit, wenn ich lese, was mich interessiert, wenn ich Musik höre oder mich an einem Spaziergang freue. Wenn wir wirklich leben, ist die Zeit immer eine erfüllte Zeit.

Jesu erstes Wort, das uns der Evangelist Markus überliefert, war: „Die Zeit ist erfüllt, das Reich Gottes ist nahe." (Mk 1,15) Die Zeit – so meint also Jesus – ist erfüllt, wenn Gott über mich herrscht und nicht mehr der Termindruck oder die Erwartungen der Menschen. Im Alter muss ich nicht mehr die Erwartungen anderer erfüllen. Ich darf selber leben. Das Reich Gottes könnte man als den Raum bezeichnen, in dem ich ganz ich selbst sein darf, in dem ich selber leben darf, anstatt gelebt zu werden. Wer ganz im Augenblick ist und bewusst diesen einen Augenblick lebt, der erfährt Zeit als erfüllte Zeit. Es ist keine vergeudete Zeit, keine ungenutzte Zeit, aber auch keine Zeit, die unter dem Druck steht, noch möglichst viel in sie hineinpressen zu müssen. Es ist geschenkte Zeit, angenehme Zeit, Zeit der Gnade, wie der Apostel Paulus sie nennt.

Nicht stehen bleiben bei dem, was einmal war

Alte Menschen erzählen gerne von früher. Das kann für die nachfolgende Generation durchaus interessant sein. Es gibt alte Menschen, denen man gerne zuhört, wenn sie von der Vergangenheit erzählen. Es gibt allerdings auch Menschen, bei denen man die Ohren auf Durchzug stellt, weil man die alten Sachen schon so oft gehört hat. Es ist ein Unterschied, wie ich von der Vergangenheit erzähle, ob ich nur mich und meine Großtaten in den Mittelpunkt stelle oder ob ich von Erfahrungen spreche, die ich mit Menschen gemacht habe, ob ich das, was ich erlebt habe, auch reflektiere und in seiner Bedeutung für unser Leben heute zu verstehen suche.

Es ist wichtig, die Erfahrungen und Werte der Vergangenheit weiterzugeben. Davon profitieren auch andere. Aber man sollte, auch als älterer Mensch, nicht bei dem, was einmal war, stehen bleiben. Auch als ältere Menschen sollten wir durchaus an unsere Zukunft denken. Wir wissen nicht, wie viele Jahre Gott uns noch schenkt. Aber wir können dennoch unsere Zukunft planen, Reisen, einen Urlaub. Jeder sollte sich überlegen, wie er die nächsten Jahre gerne leben möchte, was er noch anpacken und auch nach außen noch tun will. Aber bei allem, was er plant, sollte er sich den Vorbehalt machen: „So Gott will."

Wir sollen unsere Zeit im Alter planen, als ob wir noch eine lange Zeit vor uns hätten. Aber wir sollen auch damit rechnen, dass eine Krankheit oder der Tod uns einen Strich durch die Rechnung machen könnten.

Es hat in der Geschichte immer wieder alte Menschen gegeben, die als Propheten einen besonderen Blick für die Zukunft hatten. Auch in der Bibel begegnen wir ihnen. Simeon und Hanna in der Kindheitsgeschichte nach Lukas etwa. Ihr Beispiel zeigt: Alte Menschen haben nicht nur die Aufgabe, für ihre eigene Zukunft zu sorgen und sie zu planen. Sie haben oft auch eine besondere Verantwortung für die Zukunft der Menschheit. Simeon und Hanna, die beiden alten Menschen, erkennen, wer dieses Kind Jesus ist und was es der Welt bringen wird. So haben alte Menschen oft einen besonderen Blick für das, was für die Zukunft der Welt vonnöten ist und was ihr helfen könnte, damit sie in eine bessere Zukunft hineingeht. Dieses Gespür für die Zukunft der Welt sollten die alten Menschen nicht für sich behalten. Sie sollen es auch nach außen kommunizieren, jeder auf seine Weise. Die Großmutter macht den Enkeln einfach Mut für die Zukunft, ohne dass sie einen tiefen Blick in die Zukunft macht. Ein anderer, der Verantwortung in einer Firma hatte und die Mechanismen des Wirtschaftens kennen gelernt hat, kann aus dem Abstand heraus gute Ratschläge geben, nicht nur für seine frühere Firma, sondern überhaupt für eine Art des Wirtschaftens, die dieser Welt zum Segen gereichen wird. Oder ein alter Mensch hat ein Gespür für das, was die Welt braucht. Seine Worte haben Gewicht. So trägt er auch im Alter noch Verantwortung für die Welt, weniger durch sein Handeln, als vielmehr durch die Sichtweise, die er vermittelt.

Vielleicht aber auch gerade durch sein Handeln. Anthony de Mello erzählt eine schöne Geschichte dazu. Die Zeit des Monsunregens stand bevor, und jemand sah, wie sein Nachbar, ein sehr alter Mann, in seinem Garten tiefe Löcher grub. „Was tut ihr da?" fragte er. „Ich pflanze Mangobäume", war die Antwort. „Wollt ihr noch Früchte von diesen Bäumen essen?" „Nein", entgegnete der Alte, „so lange werde ich nicht mehr leben. Aber andere werden da sein. Mir fiel neulich ein, dass ich mein Leben lang Mangos gegessen habe, die von anderen Leuten gepflanzt wurden. Auf diese Weise möchte ich ihnen meine Dankbarkeit zeigen."

Glück besteht darin,
seiner selbst inne zu werden

Mit der eigenen Vergangenheit umzugehen kann auch schwierig und belastend sein. Neulich erzählte mir eine Frau von ihrer Schwester. Sie will nichts mehr wissen von den ersten Jahren nach dem Krieg, in denen sie traumatische Erfahrungen machen musste. Man kann fragen: Ist das nun Verdrängung oder ist es legitim, das Vergangene zu begraben? Und noch weiter gefasst: Wie gehe ich mit meiner Vergangenheit um, wenn mir vor allem die Fehler und meine Versäumnisse einfallen? Hat es einen Sinn, mich ständig zu fragen, welche Chancen ich vertan habe oder wo ich mich falsch entschieden habe? Führt das zur Weisheit oder nur zur Selbstverurteilung?

Manchmal kann es heilsam sein, die traumatischen Erlebnisse in einer verschlossenen Kammer der eigenen Seele aufzubewahren. Wenn sich diese Erlebnisse in neurotischen Symptomen oder in Krankheiten äußern, ist es allerdings hilfreich, sie anzuschauen und mit einem Therapeuten oder einer Seelsorgerin zu besprechen. Wichtiger aber ist, sich den gesunden Quellen zuzuwenden, die jeder in seinem Leben auch hat und zu versuchen, mit diesen Quellen in Berührung zu kommen.

Wir können das Vergangene nicht rückgängig machen. Auch Selbstvorwürfe, dass wir etwa bestimmte Chancen verpasst haben, führen nicht zum Leben. Im Gegenteil, oft sind solche Vorwürfe nur ein Vorwand, nicht im Augenblick zu leben, sich nicht dem Leben zu stellen mit den Herausforderungen, die es heute stellt. Das Leben war so, wie es war. Damit haben wir uns auszusöhnen. Und es ist gut, sich einzugestehen, dass das Leben nicht immer eine Erfolgsgeschichte war. Auch wenn vieles auch schief gelaufen ist – ich habe es erlebt. Und ich habe an dem Erlebten etwas gelernt. Ich bin daran gewachsen. Wenn wir das sehen, können wir uns verabschieden von dem Ideal, das alles perfekt sein muss. Wenn die Erinnerungen von verpassten Chancen hochkommen, sollen wir sie anschauen und betrauern, aber dann wieder zu uns selbst und zum gegenwärtigen Augenblick zurückkommen. Wie möchte ich *heute* leben? Was lehrt mich meine Vergangenheit? Sie könnte uns gelassener und weiser machen, wenn wir uns damit aussöhnen und sie als Lernfeld sehen, auf dem wir vor allem uns selbst mit allen Höhen und Tiefen kennenlernen. Wer sich selber kennt und sich damit aussöhnt, der wird weise. Walter Benjamin hat einmal das schöne Wort geprägt: „Glück besteht darin, seiner selbst, ohne zu erschrecken, inne zu werden." Wenn ich mich an alles erinnern kann, ohne zu erschrecken, dann habe ich mich selber angenommen, dann bin ich im Einklang mit mir, dann bin ich glücklich.

Ich muss nichts mehr – ich darf einfach sein

Freiheit bedeutet nicht, dass ich möglichst vieles tun kann, dass mir alle Türen offen stehen. Sie besteht vielmehr in einer inneren Haltung. Ich bin frei von der Macht der Menschen, von ihren Erwartungen und Urteilen. Ich bin frei von dem Druck, den ich mir oft selber setze. Ich fühle mich frei, meinem Gewissen zu folgen, mit mir im Einklang zu leben. Das ist die wahre Freiheit. Die Freiheit des Denkens kann mir niemand nehmen, auch wenn ich nach außen nicht mehr viel tun kann. Und diese Freiheit äußert sich dann auch darin, dass ich den Mut habe, das zu sagen, was ich denke. Alte Menschen sind frei von dem Druck, sich nach außen gut verkaufen zu müssen. Sie sind frei, die zu sein, die sie sind. Das ist die wahre Freiheit, die mit dem Alter wächst.

Die äußere Freiheit nimmt im Alter ab. Die Möglichkeiten, die mir noch zur Verfügung stehen, werden weniger. Manchmal wird das Ja dazu nur über einen Prozess des Betrauerns entstehen. Aber wenn ich durch das Betrauern in den inneren Raum meiner Seele gelange, werde ich dort die wahre Freiheit finden. Es ist die Freiheit, von der Jesus sagt: „Die Söhne sind frei." (Mt 17,26) Ich bin nicht mehr Sklave meiner eigenen Bedürfnisse. Ich stehe nicht mehr unter dem Druck, die Erwartungen der anderen erfüllen zu müssen. Ich muss gar nichts mehr. Ich darf einfach sein.

Unsere Zeit ist begrenzt. Wir sollen sie nutzen, aber auch einfach nur genießen

Kürzlich sagte mir jemand, sein alter Vater habe sich über einen Tag geärgert, der nicht zu seiner Zufriedenheit verlaufen war. „In meinem Alter hat man nichts mehr zu verschenken", sagte er. Es kommt darauf an, wie man den Satz versteht. Wenn er meint, er müsse noch vieles in seinem Leben erledigen und heute habe er gar nicht viel tun können, er habe heute gar nichts geleistet, dann könnte man den Satz als Zeichen innerer Armut eines Menschen sehen, der sich zu sehr von dem her definiert, was er nach außen tun kann. Aber man kann den Satz auch anders verstehen. Der Vater war unzufrieden über den Tag, weil er sich über andere geärgert hat, weil er zu sehr über andere geschimpft hat, weil es nur Missverständnisse gab. Das wäre eine gute Selbsteinsicht. Weil meine Zeit begrenzt ist, will ich die Tage nicht mit unnützem Geschwätz oder mit unnötigen Streitereien verbringen. Ich möchte bewusst leben. Jeder Tag ist kostbar, auch wenn nach außen nicht viel geschieht. Aber mit welcher inneren Haltung ich den Tag lebe, das hängt von mir ab. Und vielleicht hat hier ein älterer Mensch einfach nur ein feines Gespür dafür, dass er die Tage, die ihm gegönnt sind, bewusst und intensiv leben möchte, dass er in den Gesprächen präsent sein möchte, offen sein für den, der ihm heute begegnet und für das, was in der

Welt geschieht. Er möchte nicht einfach so dahin leben. Er spürt, dass das Leben eines Menschen kostbar ist. Er möchte eine gute Spur in diese Welt eingraben. Und so ärgert er sich, wenn die Spur des Tages unklar und trüb war. Wir haben unsere Tage nicht zu verschenken in dem Sinn, dass wir sie leer vorüberziehen lassen. Aber wir sollen in der Zeit uns selbst verschenken, dann wird jeder Tag ein geschenkter Tag und nicht ein verschenkter sein.

Die Tatsache, dass unser Leben endlich und begrenzt ist, kann Angst einjagen. Keiner von uns weiß, wie lange er noch leben kann. Aber die Begrenzung könnte auch eine Chance sein, sich über die Maßstäbe und Werte des eigenen Lebens Gedanken zu machen. Was ist mir wirklich wichtig? Welche Werte möchte ich leben? In welcher inneren Verfassung und Haltung möchte ich die Zeit leben, die mir geschenkt ist? Wir sollen wir die Zeit nutzen, damit wir bewusst und intensiv leben.

Wir sollen unsere Zeit auch genießen. Dieser Genuss ist kein Egoismus. Wenn wir unsere Zeit genießen, geben wir ihr einen guten Geschmack. Dann ist unsere Zeit auch eine kostbare Zeit für die Menschen um uns herum. Wenn ich die Zeit totschlage oder sie mit hektischer Aktivität fülle, nütze ich niemandem. Wenn für mich alles langweilig ist, will niemand an meiner Langeweile teilhaben. Wenn ich ständig Hektik um mich verbreite, fliehen die Menschen vor mir. Sie wollen sich nicht von meiner Hektik anstecken lassen. Aber wenn ich die Zeit genieße, werden es auch die Menschen genießen, mit mir zusammen zu sein. Sie möchten dann etwas lernen von meiner Lebenskunst, im Einklang mit mir und dem Leben zu sein, mit der Kunst, das Wenige, das ich habe, zu genießen. Die Zeit bleibt immer dieselbe. Aber wenn wir die Zeit genießen, bekommt sie eine andere Qualität, für uns selbst und für die Menschen um uns herum.

Nicht nur loslassen,
sondern auch ankommen

Die Aufgabe des Älterwerdens ist das Loslassen. Aber das Ziel ist das Ankommen. Wenn wir uns selbst annehmen, so wie wir sind, wenn wir alles loslassen, was uns bedrängt, wenn wir das eigene Ego loslassen, dann kommen wir bei uns selbst an. Wer das Ego nicht loslässt, kommt nie bei sich selber an. Das Ego verstellt die wirkliche Ankunft. Nur wenn wir das Ego loslassen, kommen wir in die eigene Mitte. Und dort kommen wir bei unserem wahren Selbst an. Und wir kommen im Augenblick an. Das Ego will immer etwas. Es will sich rechtfertigen und sich behaupten. Es ist immer mit sich selbst beschäftigt. So werden wir nie frei, wirklich bei uns und in diesem Augenblick, den wir jetzt erleben, anzukommen. C. G. Jung meinte einmal, keiner vermag sein Selbst zu finden, ohne dass er Gott in sich findet. Und Gott ist immer der Seiende, der einfach da ist, der reine Gegenwart ist. Wenn ich selbst im Loslassen meines Ego zum reinen Sein werde, dann bin ich in Gott angekommen. Und dann ist er in mir angekommen. Gott ist natürlich immer schon da. Aber da ich nicht bei mir bin, erlebe ich ihn als den Kommenden. In der Adventszeit stellen wir uns im Verlauf des Kirchenjahrs bewusst diesem Thema des Ankommens. Wir warten auf das Kommen Jesu Christi, obwohl wir wissen, dass er schon längst gekommen ist.

Aber wir warten, um sein Kommen in jedem Augenblick erfahren zu können. Und wenn Christus zu uns kommt, kommen wir bei uns an.

Im Alter erhält das Ankommen noch eine andere Dimension. Im Alter sind wir an der Schwelle des Todes angekommen, die uns in das reine Sein, in die reine Gegenwart hineinführt. Wir sind am Ziel unseres Lebens angekommen. Manchmal haben wir den Eindruck, dass wir noch längst nicht bei uns selbst angekommen sind. Wir hängen immer noch an unserem Ego, an unseren vergangenen Verletzungen, an unserem Besitz, an den Menschen. Manche bekommen Angst, sie würden nie bei sich ankommen. Da ist es eine tröstliche Botschaft, dass wir das Ankommen letztlich gar nicht selber vollziehen müssen. Wir müssen uns nicht ständig fragen, ob wir schon an unserem Ziel, bei unserem wahren Selbst angekommen sind. Wir dürfen vertrauen, dass wir für immer bei uns und bei Gott ankommen werden, wenn Gott im Tod zu uns kommt. Dann kommt alles in uns zur Vollendung. Wir sind für immer angekommen, daheim.

Wenn ich losgelassen habe,
kann Neues kommen

Es war der englische Dichter E. M. Forster, der gesagt hat: „Wir müssen das Leben, das wir geplant haben, loslassen. Nur so bekommen wir das Leben, das auf uns wartet." Die Frage ist allerdings in der Tat: Was für ein Leben wartet auf mich? Jeder von uns hat bestimmte Vorstellungen, wie sein Leben ablaufen soll. Und oft genug haben wir unser Leben genau geplant. Wir haben geplant, einen Beruf zu erlernen, eine Familie zu gründen, ein Haus zu bauen, soviel zu verdienen, dass wir das Haus abzahlen können. Dann haben wir unseren Lebensabend geplant mit vielen Reisen und mit all dem, was uns interessiert. Doch dann tritt irgendetwas dazwischen. Eine Krankheit hindert mich am Reisen. Ich verliere vorzeitig meine Arbeit und kann den Kredit für mein Haus nicht mehr abzahlen. Mein Partner stirbt, bevor ich pensioniert werde, oder kurz danach. Das wirft alle meine Pläne über den Haufen. Ich kann dann das Gefühl haben, dass ich vor den Trümmern meines Lebens stehe. Ich kann meine Pläne aber auch loslassen. Sie waren gut gemeint. Sie haben mich angetrieben, mein Leben gut zu gestalten. Aber es lässt sich nicht alles planen. Ich lasse meine Pläne los, all meine festen Vorstellungen, wie mein Leben ablaufen muss. Dann kann Neues auf mich zukommen. Dann kommt das Leben auf mich zu, das auf mich wartet. Nicht ich habe auf dieses Leben gewartet, sondern es wartet auf mich. Es kommt etwas Neues auf mich zu und beschenkt mich. Wenn ich mich auf das Neue, Ungeplante einlasse, dann werde ich beschenkt mit einem Leben, das so ganz anders ist, als ich es mir vorgestellt habe. Aber es ist wirkliches Leben, geschenktes Leben. Ich trete gleichsam in einen Raum ein, in dem das Leben für mich bereit liegt.

8. „Endlich" leben

Unser Leben ist endlich. Weisheit besteht darin, sich der eigenen Endlichkeit bewusst zu werden. Der Tod ist uns allen gewiss, ob wir nun jung sind oder alt. Er kann plötzlich kommen, heute oder morgen schon. Aber das Wissen um seine Gewissheit soll uns nicht lähmen, sondern uns – ob alt oder jung – befähigen, uns ganz auf das Leben einzulassen, das wir jetzt gerade leben. Als die Mutter des großen Theologen Karl Rahner – über hundertjährig – gestorben war, hatte er bei seinen Verlagsbesuchen in Freiburg oft den Wunsch, mit dem Auto an die Stätten seiner Jugend gefahren zu werden. Bei dieser Gelegenheit kam er auch gelegentlich zum Haldenhotel auf dem Schauinsland. Einmal, so wird erzählt, kam er mit der alten Haldenwirtin ins Gespräch, die seine Verwandten kannte, da diese selbst in Günterstal bei Freiburg ein Hotel gehabt hatten. Die Wirtin war schon über 80 Jahre alt, älter als Karl Rahner. Man sprach von der Notwendigkeit, das alte Hotel zu restaurieren, einen Skilift zu bauen und all das, was noch zu tun war. Aber dann kam das Gespräch auf einmal auch auf das Sterben. Die Wirtin, die selber noch aktiv an den Geschäften des Hotels beteiligt war, meinte, sie sei auf alles vorbereitet und sei natürlich bereit, Gottes Willen zu folgen. Aber jeden Tag würde sie beten: „Lieber Gott! Wann du witt (= willst). Nur net hitt (= heute)." Rahner hat herzlich gelacht über solche Form alemannisch-volkskirchlicher Hoffnung auf Verzögerung. Für die Wirtin war die Beschäftigung mit dem Sterben kein Hindernis, sich ganz den Tagesgeschäften zuzuwenden. Der Gedanke an den Tod gab ihr innere Freiheit dazu.

C. G. Jung meint, die Religionen seien „komplizierte Systeme der Vorbereitung des Todes". Was die Religionen vom Tod sagen, entspricht der Weisheit der Seele, „wenn wir den Tod als die Sinnerfüllung des Lebens und als sein eigentliches Ziel betrachten, anstatt als ein bloß sinnloses Aufhören." Für C. G. Jung entspricht es daher dem Bedürfnis der menschlichen Seele, sich mit dem Tod auseinanderzusetzen und sich auf ihn vorzubereiten: „Der alternde Mensch bereitet sich nolens volens auf den Tod vor. Darum meine ich, dass die Natur schon selber für die Vorbereitung aufs Ende sorgt ... Es ist ebenso neurotisch, sich nicht auf den Tod als ein Ziel einzustellen, wie in der Jugend die Phantasien zu verdrängen, welche sich mit der Zukunft beschäftigen." So geht es im Denken an den Tod darum, täglich dankbar zu sein für die Zeit, die uns geschenkt ist, und jeden Tag neu als Geschenk zu leben, das Gott uns gewährt, aber auch als Gelegenheit, selbst zum Geschenk für andere zu werden. *Heute.*

Alt werden wollen alle, sterben will keiner

Die generelle Angst vor dem Alter ist unbegründet. Schließlich leben wir alle, um alt zu werden. Aber mit dem Alter verbunden ist notwendigerweise auch das Sterben, das ebenfalls zum Leben gehört. Der Tod kann zwar auch Kinder und junge Menschen treffen und ebenso Menschen in der Lebensmitte, in der Blüte ihrer Jahre. Aber älteren Menschen ist der Gedanke an das eigene Sterben oft in besonderer Weise gewärtig. Wir alle werden sterben, ob wir es wollen oder nicht. Aber wir hängen auch am Leben. Das ist eine gesunde Lebenseinstellung. Denn sie zeigt, dass wir das Leben lieben, selbst wenn es uns manchmal schwer fällt. Wir sollen, solange wir leben, auch gerne leben und die Zeit, die uns geschenkt ist, in guter Weise leben. Es ist unsere Aufgabe, das Leben so zu leben, dass wir ein Gespür für seine Endlichkeit haben. Dann sind wir bereit zu sterben, aber wir leben auch gerne.

Wenn ein alter Mensch sagt, „ich möchte sterben", dann hat er mit dem Leben abgeschlossen. Er lebt nicht mehr gerne, weil sein Leben beschwerlich geworden ist. Er fühlt sich vielleicht zu sehr auf die Hilfe anderer angewiesen. Er möchte anderen nicht zur Last fallen. Solange wir am Leben hängen, müssen wir nicht sterben wollen. Wenn aber der Wunsch hochkommt, sterben zu können, dürfen wir ihm durchaus Raum geben. Es ist dann die Einladung, sich noch intensiver auf das Sterben vorzubereiten und langsam und bewusst von allem Abschied nehmen, woran wir noch hängen. Vor allem sollten wir von den Menschen Abschied nehmen, die uns am Herzen liegen. Wir dürfen uns den Wunsch zu sterben aber nicht aktiv erfüllen, indem wir dem Leben selbst ein Ende setzen. Vielmehr gilt es, darauf zu vertrauen, dass dieser Wunsch, zu sterben, das Sterben einläutet. Wie lange wir noch leben, das hängt dann nicht allein an uns. Indem wir den Wunsch zulassen, werden wir die uns geschenkte Zeit intensiv erleben. Auf keinen Fall darf der Wunsch zu sterben zu einem bloßen Jammern werden, in dem wir nur um uns kreisen und unser schlechtes Leben beklagen. In den Schriften des Alten Testaments heißt es von den Patriarchen gelegentlich, dass sie lebenssatt waren. Sie haben das Leben gelebt. Sie sind satt geworden vom Leben. Nun können sie auch gut gehen.

„Leben bis zuletzt"

„Leben bis zuletzt", ist das Motto der Hospizbewegung. Die Hospizbewegung möchte gerade denen, die in der letzten Phase ihres Lebens stehen, noch ermöglichen, dass sie wirklich bis zuletzt leben. Sie versteht darunter, dass sie die Sterbenden begleitet. Wenn jemand sich nicht allein fühlt, wenn er über sein Leben sprechen kann, wenn er vor dem Ende noch einmal Bilanz ziehen und über all das reden kann, was ihn bewegt und was er erlebt hat, dann lebt er wirklich. Er vegetiert nicht einfach dahin. Er dämmert nicht weg. Er erlebt die letzten Wochen bewusst, weil ein Mensch sich um ihn kümmert, weil ein Mensch Achtung hat vor dem Geheimnis seiner Person und seines Lebens. Schon allein diese Achtung gibt dem Sterbenden eine Würde, die sein Leben lebenswert macht.

Es gibt Phasen, in denen der Sterbende allein sein möchte, weil er allein dem Geheimnis des Todes ins Auge schauen will. Das müssen wir respektieren. Es ist aber auch eine intensive Form des Lebens. C. G. Jung spricht von solchen Phasen, in denen er sich schon in einer anderen Welt befindet und sich schwer damit tut, sich der alltäglichen Realität zu stellen. Aber er hat dann doch ein Bedürfnis, darüber zu sprechen oder einen Brief zu schreiben. Er zieht sich zurück, um das Geheimnis des Todes zu meditieren. Aber er möchte auch darüber kommunizieren. Sterbende, die das Gefühl haben, alle würden nur auf ihren Tod warten, damit sie sich nicht mehr um sie kümmern müssen, leben nicht mehr wirklich. Für sie wird das Leben zur Qual. Sie entschuldigen sich, dass sie noch am Leben sind. So verlieren sie ihre Würde. Wenn der Sterbende aber erfährt, dass sich jemand für ihn interessiert, dann lebt er – bis zuletzt. Er spürt, dass der Prozess des Sterbens etwas Geheimnisvolles ist, vor dem andere Menschen sich verneigen, weil sie etwas Kostbares darin sehen. Das gibt seinen letzten Tagen eine Würde. Manche kommen dann in dieser Phase in Berührung mit ihren tiefsten Sehnsüchten und mit ihrer wahren Gestalt, die lange Zeit verborgen war unter den Rollen, die sie gespielt haben.

Abhängig von der Hilfe anderer zu sein, ist für manche nicht einfach. Wenn Sterbende von denen, die sie begleiten, erfahren, dass sie gerne mit ihnen die letzte Wegstrecke gemeinsam gehen, dann erfahren sie auch, dass sie wirklich bis zuletzt leben, auch wenn sie sich nicht mehr bis zuletzt äußern können. Sie wissen, dass jemand bei ihnen ist, der ihr Leben und Sterben für kostbar hält.

Die vielen Abschiede und der letzte Abschied

Wir müssen uns in unserem Leben immer wieder verabschieden. Wir nehmen Abschied von der Kindheit, von der Jugend, von unserem Beruf, von Menschen, die wir liebgewonnen haben und die nun durch Umzug oder durch den Tod nicht mehr bei uns sind. Und wir müssen uns verabschieden von Bildern, die wir uns vom Leben gemacht haben, von Illusionen, denen wir nachgelaufen sind, um uns mit der Realität auszusöhnen. Der Tod ist der größte Abschied. Er fasst all die Abschiede zusammen, die wir während des Lebens einüben. Und zugleich sind die Abschiede, die wir während unseres Lebens vollziehen, eine Einübung in den großen Abschied des Todes. Wer während seines Lebens gelernt hat, sich auf gute Weise zu verabschieden, dem wird der Abschied auch im Tod gelingen.

Ob uns der Abschied gelingt, hängt oft auch von Erfahrungen des Verlassenwerdens ab. Wenn ich als Kind von meinem Vater, meiner Mutter, einem Freund oder einer Freundin verlassen worden bin, dann tue ich mich schwer, Abschied zu nehmen. Jeder Abschied erinnert mich an die traumatische Erfahrung meiner Kindheit. Und so wird auch der Tod mich an diese Situationen des Verlassenseins erinnern. Und ich habe Angst vor dem Tod, Angst, völlig allein gelassen zu werden, allein durch das dunkle Tor des Todes schreiten zu müssen. So ist es eine gute Einübung in das Sterben, sich mit seinen Erfahrungen des Verlassenwerdens auseinanderzusetzen. Ich soll mich dem verlassenen Kind in mir zuwenden und es in meine mütterlichen oder väterlichen Arme nehmen. Dann kann ich mir auch vorstellen, dass mich Gott im Tod in seine liebenden Arme aufnimmt. Dann verliert der Tod das Angsterregende. Er wird dann ein Abschied für immer sein, aber zugleich ein Neubeginn und ein Ankommen in der ewigen Heimat. Dort werde ich mich niemals verlassen fühlen. Dort ist kein Abschied mehr gefragt. Dort bin ich für immer daheim.

„*Jetzt* ist der Anfang vom Rest deines Lebens"

Das Sprichwort „*Jetzt* ist der Anfang vom Rest deines Lebens" stimmt für jeden Augenblick meines Lebens. Schon die frühen Mönche sahen es als eine Form von Spiritualität an, in jedem Augenblick neu anzufangen. So bittet ein Bruder den Altvater, mit dem er über seine spirituelle Praxis spricht: „Bete für mich, Vater, damit ich anfange." Und ein alter Mönch spricht von der Stimme Gottes, „die zum Menschen bis zu seinem letzten Atemzug ruft: Kehre heute um!" Auch im letzten Augenblick des Todes können wir neu anfangen. So ist jeder Augenblick der Anfang vom Rest unseres Lebens. Dieses Bild soll uns ermutigen, das Vergangene zu lassen. Es gibt viele alte Menschen, die immer um die vergangenen Verletzungen oder Fehler kreisen. Sie können sich nicht verzeihen, dass sie nicht richtig gelebt haben, dass sie zu kurz gekommen sind im Leben. All das sind letztlich unnütze Gedanken, die uns im Alter nur beschweren. Sich dann zu sagen: „Jetzt ist der Anfang vom Rest deines Lebens" lässt uns nach vorne schauen. Anstatt mich zu verurteilen oder zu bedauern, richte ich meinen Blick nach vorn. Jetzt, in diesem Augenblick fange ich neu an, fängt Gott mit mir neu an. Dann zählt das Vergangene nicht mehr. Entscheidend ist der jetzige Augenblick. Dieses Wort zeigt aber auch, dass jeder Augenblick kostbar ist. Denn Umkehr ist in jedem Augenblick möglich. Es ist nie zu spät, anzufangen und sich ganz und gar auf Gott auszurichten. Das ist ein Wort der Hoffnung für uns, aber zugleich schenkt es uns auch Hoffnung für die Menschen, die wir begleiten. Auch wenn wir den Eindruck haben, dass sie ihren Tod verdrängen oder dass sie sich Gott gegenüber verschließen, so dürfen wir doch vertrauen, dass auch der letzte Augenblick für sie der Anfang eines neuen Lebens sein kann.

Herrmann Hesse hat diese Hoffnung in seinem bekannten Gedicht „Stufen" formuliert. Er beschreibt eine Sicht des Lebens, das sich von Stufe zu Stufe wandelt, das Veränderung der Lebenskreise aber gleichzeitig auch Vervollkommnung in immer neuem Anfang ist:

„Es wird vielleicht auch noch die Todesstunde
Uns neuen Räumen jung entgegensenden,
Des Lebens Ruf an uns wird niemals enden ...
Wohlan denn, Herz, nimm Abschied und gesunde!"

Die letzte Lebenswirklichkeit

Nach meiner Erfahrung tut es dem Menschen nicht gut, wenn er sich weigert, sich über den Tod Gedanken zu machen. Alle Philosophie beginnt mit dem Nachdenken über den Tod. Wer den Tod verdrängt, der lebt nicht in der Gegenwart, sondern er klammert sich an die Gegenwart. Denn er verdrängt etwas, das zu seinem Leben gehört. Der Tod zeigt, dass mein Leben endlich ist. Und die Endlichkeit verändert mein Leben. C. G. Jung meinte einmal, ab der Lebensmitte bleibe nur der lebendig, der zu sterben bereit ist. Wer den Tod ausklammert, der klammert ein Lebensgesetz aus. Sich mit dem Tod anzufreunden, ist höchste Lebenskunst. Denn der Tod intensiviert das Leben. Schon Mozart hat in einem Brief an seinen kranken Vater geschrieben, dass er den Tod als Freund betrachte, über den er täglich nachdenke. Und dieser Gedanke an den Tod sei für ihn der Schlüssel zur Glückseligkeit. In seiner Musik merkt man, dass er den Tod überwunden hat. Seine Musik verbindet Himmel und Erde miteinander, Leben und Tod. Gerade dadurch bekommt sie auch das Heitere mitten in der Melancholie, die immer auch bei ihm herauszuhören ist.

Unser Leben endet im Tod. Wenn ich das verdränge, dann tue ich so, als ob ich ewig leben würde. In der Barockzeit hat man sich sehr intensiv mit dem Tod auseinandergesetzt. In der Kirche war oft der

Sensenmann dargestellt. In den Kantaten von Johann Sebastian Bach gibt es immer wieder Arien, die die Überwindung des Todes darstellen. So singt der Alt in der Weihnachtskantate BWV 64: „Von der Welt verlang ich nichts, wenn ich nur den Himmel erbe." Und in der Kantate „Meinen Jesum lass ich nicht" (BWV 124) singen Alt und Sopran im Duett: „Entziehe dich eilends, mein Herze, der Welt. Du findest im Himmel dein wahres Vergnügen." Solche Lieder sind nicht Ausdruck von Weltflucht. Die Barockzeit war ja beides: eine Zeit, die das Diesseits liebte und die den Tod allgegenwärtig wusste. Die Spannung von diesseitiger Sinnlichkeit und dem Bewusstsein von der Majestät des Todes hat diese so lebendige Kultur hervorgebracht.

Schon die frühen Mönche raten uns, den Tod ständig vor Augen zu haben. Ein Altvater wurde gefragt, warum er nie Angst habe. Er meinte, weil er täglich über den Tod meditiere. Der Gedanke an den Tod nimmt also alle Angst. Er lässt uns gelassen und dankbar die Tage leben, die uns Gott schenkt. Auch der hl. Benedikt mahnt uns Mönche, dass wir uns täglich den Tod vor Augen halten sollen. Das gehört für ihn zum spirituellen Weg. Es ist die Einladung, Lust am Leben zu haben und zu schmecken, wie das Leben sich anfühlt. Tod und Leben gehören eng zusammen. Es gibt Märchen, die davon erzählen, dass man den Tod letztlich nicht überlisten kann. Im Märchen „Der Gevatter Tod" macht der Tod den

Sohn, dem er bei der Taufe als Gevatter dient, zu einem berühmten Arzt. Aber als der Arzt den Tod überlisten möchte, muss er selbst sterben. Das Märchen „Die Boten des Todes" zeigt, dass der Tod uns ständig Boten schickt, die uns an das nahende Ende erinnern: die Krankheit, das Fieber, den Schwindel. Und zuletzt benennt der Tod den Schlaf: „Hat nicht mein leiblicher Bruder, der Schlaf, dich jeden Abend an mich erinnert?"

Im Alter mehren sich die Boten des Todes, die uns daran erinnern, dass wir endlich sind. Wir sollten uns von ihnen einladen lassen, bewusst zu leben. Der Tod will das Leben verstärken. Er will uns nicht von der Welt wegziehen, damit wir uns nur noch mit dem Tod beschäftigen. Vielmehr will uns der Gedanke an den Tod einführen in die Kunst des Lebens. Richtig lebt nur der, der sich seiner Begrenztheit bewusst ist. Er versteht, dass dieses Leben einmalig und einzigartig ist. Der Tod gibt dem Leben seine Würde. Es ist nicht einfach ein Dahinleben. Wenn ich nur einmal lebe und nur in dieser Zeit, die mir bis zum Tod bleibt, dann will ich ganz leben, intensiv leben, dann möchte ich den Geschmack des Lebens auskosten. Und ich bin mir meiner Verantwortung bewusst, in dieser begrenzten Zeit so zu leben, dass die Menschen meine Liebe spüren, mit der ich mich an das Leben und an die Menschen verschenke.

Zum Segen werden für andere –
„das Zeitliche segnen"

Es gibt im Deutschen eine wirklich schöne Redewendung für Sterben: „Das Zeitliche segnen". Wer im Alter ausgesöhnt mit sich selbst lebt, der wird ein Segen für die, die noch länger als er in der Zeit leben. Wir sagen manchmal von einem alten Menschen, den wir besucht und mit dem wir gesprochen haben: „Ich bin gesegnet von ihm fort gegangen. Das Gespräch ist mir zum Segen geworden." Wir können es oft nicht genau benennen, was da für uns zum Segen wird. Aber bei manchen Gesprächen mit einem alten Menschen fühlen wir uns gesegnet. Das lateinische Wort für segnen „benedicere" heißt eigentlich: „gut reden, Gutes sagen zu einem anderen". Wenn der alte Mensch mit mir gut spricht, wenn er mir gute Worte sagt, dann fühle ich mich gesegnet. Wenn ein alter Mensch für einen anderen zum Segen werden will, sollte er auf seine Worte achten, ob es gute Worte sind, Worte, die ermutigen, die aufbauen, die das Gute in seinem Gegenüber ansprechen.

Die zweite Bedeutung von Segen ist: gute Gabe Gottes, Fruchtbarkeit. Wenn wir sagen, dass etwas Segen bringt, meinen wir, dass etwas Frucht bringt, aufblüht, dass von dem, was wir tun, Segen ausgeht auf die Menschen. Die Menschen fühlen sich beschenkt. Und Segen hat etwas mit Schutz zu tun. Wer gesegnet ist, fühlt sich von Gott behütet und beschützt. So sollen wir darauf achten, dass wir ein Geschenk sind für die Menschen, dass von uns Segen ausgeht, etwas, das die Menschen befruchtet, das ihnen das Gefühl von Behütetsein vermittelt. Wir werden zum Segen für andere, wenn von uns Frieden ausgeht, Hoffnung und Zuversicht. Frieden kann aber nur ausgehen, wenn wir mit uns selbst in Frieden kommen. Alles, was wir für ein gelingendes Altwerden tun, wird letztlich für die anderen zum Segen. Denn die Menschen spüren dann in der Begegnung mit uns, dass es sich lohnt, alt zu werden, dass das Alter eine eigene Qualität hat, die uns gut tut.

Die Wendung „Das Zeitliche segnen" ist keine Beschönigung des Todes, sondern Ausdruck, wie das gelingende Sterben aussehen könnte. Das Wort kommt vermutlich daher, dass der Sterbende seine Familie und die Freunde, die am Sterbebett waren, gesegnet hat. Er hat den Kindern seinen Segen mitgegeben und jedem Umstehenden einen Segen zugesprochen. Wir können das Wort aber noch anders verstehen: Der Sterbende wird für uns zum Segen, weil er uns seinen Geist zurücklässt. Die Art, wie er gelebt hat, die überlässt er uns. Jesus sagte zu seinen Jüngern kurz vor seinem Tod: „Es ist gut für euch, dass ich fortgehe. Denn wenn ich nicht fortgehe, wird der Beistand nicht zu euch kommen; gehe ich aber, so werde ich ihn zu euch senden." (Joh 16,7)

Was Jesus von sich sagt, gilt letztlich auch für uns. Wenn wir sterben, senden wir den Geist, aus dem wir gelebt haben, zu den Menschen, die noch in der Zeit sind. Es ist letztlich nicht allein unser Geist, sondern der Geist Gottes, aus dem wir zu leben suchten. Diesen Geist Gottes, dem wir durch unser Leben eine ganz bestimmte Gestalt und einen besonderen Geschmack gegeben haben, geben wir an die Menschen weiter, die in der Zeit leben. So segnen wir in unserem Sterben das Zeitliche, die Zeit und alle, die in der Zeit sind. In unserem Geist überlassen wir ihnen etwas, das die Zeit übersteigt.

Zum Menschsein gehört, über den Tod hinauszudenken

Es gehört zum Menschen, dass er sich Gedanken über das macht, was ihn im und nach dem Tod erwartet. Er möchte wissen, wie er sich das Leben nach dem Tod vorstellen kann. Die Bibel selbst spricht in vielen Bildern über das, was uns im Tod erwartet. Gott lädt uns zum Festmahl. Jesus hat uns eine Wohnung bereitet, in der wir für immer daheim sind. Wir werden beim Herrn sein und unsere Sehnsucht nach der Liebe wird erfüllt werden. Natürlich wissen wir, dass wir über das, was uns im Tod erwartet, nur in Bildern sprechen können. Die Wirklichkeit selber können wir uns nicht vorstellen. So sollen wir uns auf der einen Seite hüten, alles genau auszumalen. Denn wir haben letztlich keine Vorstellungskraft für das, was im Tod kommt, wenn Zeit und Raum aufgehoben sind. Aber auf der anderen Seite dürfen wir den Bildern trauen, die uns die Bibel und die geistliche Tradition anbieten. Es sind tröstliche Bilder und Bilder, die unsere tiefste Sehnsucht nach Leben und Liebe stillen. Alles, wonach wir uns hier sehnen und was letztlich nie ganz erfüllt wird, das wird im Himmel offenbar. Da werden wir für immer eins werden mit uns selbst, eins mit den Menschen, die wir geliebt haben, und eins mit Gott. Die Liebe wird stärker sein als der Tod. Das ist die Botschaft Jesu von der Auferstehung, die uns im Tod erwartet.

Wir werden in die Liebe Gottes hineinsterben. Wenn wir uns dieser Liebe ergeben, sind wir im Himmel. Nur wenn wir uns dieser Liebe gegenüber verschließen würden, wären wir ausgeschlossen. Nicht Gott schließt uns aus, wir würden uns selbst ausschließen. Aber wir dürfen hoffen, dass wir uns angesichts der unbegreiflichen und unendlichen Liebe Gottes dieser Liebe öffnen und uns in sie hineinfallen lassen.

Der Gedanke an den Tod und an das, was uns darin erwartet, soll natürlich keine Flucht sein vor der Herausforderung, die uns hier das Leben stellt. Früher hat man den Christen vorgeworfen, sie würden sich mit dem Jenseits vertrösten, wenn das Leben hier nicht lebenswert genug ist. Das geschieht sicher manchmal. Auf der anderen Seite gehört es zum menschlichen Geist, über das Vorfindbare hinauszudenken und auszugreifen nach dem, was unser Vorstellungsvermögen übersteigt. Der Geist des Menschen kennt die Grenze des Todes nicht. Daher darf er diese Grenze auch überschreiten. C. G. Jung meint, die Weisheit der Seele weiß um ein Leben nach dem Tod. Und sie hat auch gewisse Ahnungen von dem, was uns erwartet. So dürfen wir durchaus der Weisheit unserer Seele trauen. Unsere Seele weiß, dass es uns gut tut, wenn wir uns auch vorstellen, was uns im Tod erwartet.

Jörg Zink hat in den letzten Jahren viel über den Tod und das, was ihn erwartet, nachgedacht. Er erinnert sich, dass er als junger Soldat viele seiner Kameraden sterben sah. Jetzt sieht er den Tod als Freund: „Was mich selbst betrifft, so habe ich in meinen jungen Jahren mehr mit dem Tod zu tun gehabt, als für einen Zwanzigjährigen gut ist. Inzwischen ist er mir fast zu einem vertrauten Freund geworden. Niemals war er für mich das große Aus, der letzte Punkt, nie habe ich ihn anders gesehen als so, dass er der ist, der mir den Schritt in die andere, die größere Wirklichkeit eröffnet. Er hatte für mich immer etwas an sich von einem Aufbruch, besser, von der Ausfahrt eines Schiffes hinaus auf das Meer an ein anderes Ufer. Ich stand dabei wie auf einer Landungsbrücke, den Abschied übend, und sah: Sturm kommt auf. Aber wir fahren! Wir fahren in ein Land jenseits aller Ferne oder Nähe. Ein neues, unbetretenes. Warum soll mich das schrecken, wenn ich doch weiß, wer mich dort empfängt?"

Ungelebtes in Leben verwandeln –
Versöhnung ermöglichen

Der Gedanke an den Tod konfrontiert uns mit der eigenen Wahrheit, mit all dem in mir, was unversöhnt ist. Und der Gedanke an den Tod macht mir Angst, wenn ich das Gefühl habe, ich habe ja noch gar nicht gelebt. Aber gerade dann ist der Gedanke an den Tod die Einladung, jetzt bewusst zu leben. Es ist nie zu spät, mit dem Leben anzufangen. Ich muss nicht alles Mögliche nachholen. Nachholen kann ich das ungelebte Leben nicht. Aber wenn ich jetzt wirklich lebe, dann löst sich das Ungelebte auf. Es wird in Leben verwandelt. Und es ist nie zu spät, sich auszusöhnen mit der eigenen Lebensgeschichte. Schwieriger ist es, sich mit den Menschen auszusöhnen, die sich mir gegenüber verschließen. Wir können nur mit uns selbst versöhnt und bereit sein, uns mit den Menschen zu versöhnen. Wenn unsere Verwandten die Versöhnung verweigern, sind wir machtlos. Aber trotzdem kann ich in meinem Herzen versöhnt sein. Ich kann versuchen, einen Brief zu schreiben und die Versöhnung anzubieten. Dabei wäre wichtig, alle Vorwürfe zu vermeiden. Das Alte muss nicht aufgearbeitet werden. Denn viele haben Angst, genauer hinzuschauen, was zum Streit geführt hat. Sie wollen sich rechtfertigen und die Schuld dem anderen zuschieben. Solange diese Mechanismen in uns herrschen, ist keine Versöhnung möglich. Ich kann einfach schreiben, dass ich angesichts meines Alters und meines irgendwann nahenden Todes Frieden möchte und in Frieden mit allen sterben möchte. Das ist ein Angebot. Ob die Verwandten es annehmen oder nicht, ist ihre Sache.

Wieder etwas anderes ist, wenn Kinder zwar mit den Eltern gut können, aber untereinander nicht miteinander reden und die Eltern vielleicht dazu missbrauchen, übereinander zu schimpfen. Wichtig ist, dass Eltern sich da raushalten und nicht Partei ergreifen. Sie können den Kindern einen Brief schreiben, dass sie sich vor ihrem Tod wünschen, dass sie sich versöhnen und friedlich miteinander umgehen. Aber mehr als eine Bitte können sie nicht äußern. Manchmal ist es so, dass das lange dauernde Sterben des Vaters oder der Mutter die Kinder wieder zusammenbringt. Eltern sollen daher die Hoffnung nie aufgeben. Vielleicht werden sie dann gerade in ihrem Sterben zum Segen für ihre Familie, weil die Kinder sich gemeinsam um ihr Sterbebett scharen. Und selbst wenn die Versöhnung nicht vor ihrem Tod geschieht, so kann vielleicht ihr Tod für ihre Familie zum Segen werden und Versöhnung ermöglichen.

Ich habe Menschen getroffen, die bereit waren zu sterben und keine Angst davor hatten. Aber sie hatten Angst, ihren Partner allein zurückzulassen. Eine Frau, die Krebs hatte, hatte das Gefühl, ihr Mann werde mit ihrem Tod nicht fertig. Sie hatte Angst, er könne sich das Leben nehmen, wenn er sich allein gelassen fühlte. Als Sterbende konnte sie nicht die Probleme ihres Mannes lösen. Sie konnte nur vertrauen, dass nicht nur sie die Stütze für ihren Mann ist, sondern dass er sich neu den Kindern zuwenden wird, dass er mit der eigenen Seele in Berührung kommen wird und dass er sich von Gott getragen fühlt. Die Angst um ihren Mann konnte sie nur in Liebe verwandeln, die sie ihm noch zeigen wollte, solange sie lebte, und in die Bitte, dass Gott für ihren Mann sorgen werde. Und sie versprach ihrem Mann, dass sie ihn vom Himmel aus begleiten werde. Wo immer er sei, da sei sie bei ihm, in seinem Herzen. Auf diese Weise werde er sich selbst neu erleben, werde er in seinem Herzen die Liebe spüren, die stärker ist als der Tod und die durch ihren Tod nicht zerstört würde, sondern nur verwandelt.

Andere Sterbende machen sich Gedanken, wie das Leben ohne sie weitergehen wird. Wie werden sich die Kinder weiter entwickeln? Werden sie ihr Leben meistern? Wie wird der behinderte Sohn weiter leben, wenn ich als seine Stütze nicht mehr da bin? Wie wird die Firma von meinen Kindern weitergeführt? Werden sie es schaffen, die Firma durch schwierige Zeiten zu bringen? All diese Gedanken beschäftigen nicht nur die Sterbenden, sondern die alten Menschen überhaupt, die irgendwann mit ihrem Ende rechnen. Diese Fragen und Zweifel können wir nicht beantworten. Wir können sie nur immer wieder Gott hinhalten und Gott bitten, dass er für die Kinder, für die Firma, für die Familie und für alle, die uns am Herzen liegen, sorgt.

In meinem Sterben geht es darum, das Vertrauen ins Leben zu vertiefen. Ich vermag nur in Frieden zu sterben, wenn ich dem Leben vertraue, den Menschen vertraue und wenn ich Gott vertraue, dass er auch ohne mich alles gut weiter führt. Mein Sterben relativiert meine Verantwortung. Ich kann nicht mehr für alles sorgen. Meine Aufgabe ist es, zu vertrauen, dass die Menschen, die ich verlasse, in Gottes Hand sind und dass Gott ganz andere Wege finden wird als ich, um sie zu begleiten und ihr Leben zu segnen.

Und wenn am Ende die Zeit nicht vergehen will?

Manch ein kranker alter Mensch hat mir gesagt. „Ich möchte sterben. Aber ich kann nicht. Ich bitte Gott, dass er mich bald holt. Denn das Leben macht mir keine Freude mehr. Darf ich so denken? Oder ist das Undankbarkeit Gott gegenüber? Wie gehe ich mit diesen Gedanken um? Soll ich sie unterdrücken oder darf ich sie zulassen?"

Die Gedanken kommen, ob wir es wollen oder nicht. Wir dürfen diese Gedanken durchaus zulassen. Aber die Frage ist, wie wir darauf reagieren. Wir dürfen uns nicht in diese Gedanken hineinsteigern. Und vor allem dürfen diese Gedanken nicht zu einer Anklage werden. Manchmal jammern alte Menschen, dass das Leben nicht mehr lebenswert ist, dass sie am liebsten sterben möchten. Und mit diesem Jammern erzeugen sie in ihren Kindern und Freunden ein schlechtes Gewissen. Es ist wie eine Anklage: Ihr seid schuld, dass ich keine Freude mehr am Leben habe. So sollte man nicht mit dem Gedanken umgehen.

Aber wer sich eingesteht, dass er bereit ist zum Sterben, dass er gerne gehen möchte und die, die ihm im Tod vorangegangen sind, gerne wiedersehen möchte, der darf das auch sagen. In diesen Worten klingt

dann die Freiheit mit: Ich bin bereit, zu leben, solange Gott es mir zugesteht. Aber ich bin auch bereit
zu gehen. Ich habe keine Angst vor dem Sterben. Ich
gehe gerne, weil ich darin ein Ziel sehe, weil das, was
mich erwartet, besser ist als das, was ich jetzt lebe.
Solche Gedanken sind durchaus christlich. Sie entsprechen dem, was der greise Simeon in der Bach-
kantate „Ich habe genug" (BWV 82) singt: „Ach,
wäre doch mein Abschied hier, mit Freuden sagt
ich, Welt zu dir: Ich habe genug." Die Kantate
schließt mit der Arie: „Ich freue mich auf meinen
Tod, Ach, hätt er sich schon eingefunden. Da ent-
komm ich aller Not, Die mich noch auf der Welt gebunden."

Nichts war umsonst

Den letzten Weg geht jeder allein. Viele ängstigen sich ganz besonders davor, am Ende des eigenen Wegs keine vertrauten Menschen mehr zu haben, die einen auf der letzten Wegstrecke des Lebens begleiten können. Manche haben Angst, am Ende vielleicht ganz allein gelassen zu werden. Es ist nicht einfach, mit dieser Angst umzugehen. Es stimmt: Die Einsamkeit gehört zum Sterben. Jeder geht letztlich allein durch das Tor des Todes, auch wenn Menschen bei ihm sind, die ihm die Hand halten. Aber die christliche Tradition sagt uns auch, dass wir nicht allein sind, selbst wenn kein Verwandter oder Freund uns begleitet. Ein Engel ist immer bei uns, der uns über die Schwelle des Todes in Gott hineinträgt. Diese Hoffnung dürfen wir haben: Unser Engel ist bei uns. Wir werden nicht allein gelassen, auch nicht im Sterben. Natürlich tut es weh, das Gefühl zu haben, dass sich vielleicht niemand für mein Sterben interessiert, dass ich für niemanden wichtig bin. Wir dürfen dann vertrauen, dass wir in unserem Leben trotzdem Segen waren für manche Menschen und dass wir im Himmel sehen werden, dass unser Leben doch Frucht getragen hat für andere. Auch wenn uns jetzt niemand dankt, was wir getan und gelebt haben, so ist unser Leben doch nicht umsonst. Es ist von Gott angenommen. Und in Gott hat es einen unendlichen Wert. Es kommt nicht darauf an, was die Menschen von uns denken, sondern was Gott von uns denkt. So können wir versuchen, uns auch mit dieser Einsamkeit auszusöhnen und uns allein, wie wir sind, in Gott hinein zu ergeben. Und vielleicht begegnet einem Menschen, der im Alter noch so einsam gewesen sein mag, in seinem Sterben noch eine Krankenschwester, die von seiner Art zu sterben berührt wird. Dann gräbt er – auch wenn er sich jetzt allein und wertlos fühlt – doch noch eine gute Spur in diese Welt ein. Wir dürfen darauf vertrauen, dass es nicht umsonst war, gelebt zu haben und dass sich all die Sehnsucht, die das Leben uns nicht erfüllt hat, sich im Tod in Gott erfüllen wird.

Schluss

Das Älterwerden beginnt mit der Geburt. Wir leben, um älter zu werden. Wir leben, um im Alter irgendwann einmal zu sterben. Das ist das, was uns erwartet. Und doch verbrauchen wir viel Energie, um die Tatsache des Älterwerdens zu verdrängen. Wir wollen immer jung sein. Wirklich weise ist jedoch nur, wer bedenkt, dass er älter wird und einmal sterben muss. Im Alter wird uns der Wert unseres Lebens bewusst. Unser Leben mit seiner ganz besonderen Geschichte ist einmalig und einzigartig. Daher gilt es, sich mit dieser einmaligen Geschichte auszusöhnen. Wenn wir uns selbst bedauern und dass unser Leben so gelaufen ist, entwerten wir unsere Lebensgeschichte. Wenn wir sie als einmalig betrachten, wird sie für uns und für andere kostbar. Denn auch sie können daran teilhaben.

Es gibt viel zu lernen auf dem Weg des Lebens. Und gerade im Prozess des Älterwerdens stellen sich uns viele Aufgaben, menschliche und spirituelle Aufgaben. Wir sind gefordert, zu reifen und uns immer mehr der inneren Welt zuzuwenden. Aber das Alter lädt uns auch dazu ein, jetzt schon milde mit uns und mit den Menschen umzugehen, neue Verhaltensweisen uns selbst und anderen gegenüber einzuüben. So möchte ich das Buch über das Älterwerden schließen mit einem Gebet, das Theresa von Avila zugeschrieben wird, das aber wohl englischen Ursprungs ist. Ganz gleich, von wem es stammt, es fasst schön zusammen, worum es im Prozess des Älterwerdens und im Alter geht:

Gebet des älter werdenden Menschen

„O Herr, Du weißt besser als ich,
dass ich von Tag zu Tag älter werde
Und eines Tages alt sein werde.
Bewahre mich vor der Einbildung,
bei jeder Gelegenheit und zu jedem Thema
etwas sagen zu müssen.
Erlöse mich von der großen Leidenschaft,
die Angelegenheiten anderer ordnen zu wollen.
Lehre mich, nachdenklich, aber nicht grüblerisch,
hilfreich, aber nicht diktatorisch zu sein.
Bei meiner ungeheuren Ansammlung von Weisheiten
Erscheint es mir ja schade, sie nicht weiter zu geben –
Aber Du verstehst, o Herr, dass ich mir ein paar
Freunde erhalten möchte.
Bewahre mich vor der Aufzählung endloser
Einzelheiten
Und verleihe mir Schwingen, zur Pointe zu gelangen.
Lehre mich schweigen über meine Krankheiten und
Beschwerden.

Sie nehmen zu – und die Lust, sie zu beschreiben,
wächst von Jahr zu Jahr.
Ich wage nicht, die Gabe zu erflehen,
mir Krankheitsschilderungen anderer mit Freude an-
zuhören:
aber lehre mich, sie geduldig zu ertragen.
Lehre mich die wunderbare Weisheit, dass ich mich
irren kann.
Erhalte mich so liebenswert wie möglich.
Ich möchte kein Heiliger sein, mit ihnen lebt es sich
so schwer,
aber ein alter Griesgram ist das Krönungswerk des
Teufels.
Lehre mich, an anderen Menschen unerwartet
Talente zu entdecken,
und verleihe mir, o Herr, die schöne Gabe, sie auch
zu erwähnen."

Literatur

Anselm Grün, Die hohe Kunst des Älterwerdens, Münsterschwarzach 2007.

C. G. Jung, Die Lebenswende; Seele und Tod, in Ges.
Werke Band 8, Stuttgart 1967.

Karl Rahner, Zum theologischen und anthropologischen
Grundverständnis des Alters, in: Schriften zur Theologie 15, Einsiedeln 1983, 315–325.

Paul Tournier, Die Chance des Alters, Freiburg 1978.

Jörg Zink, Ufergedanken, Gütersloh 2007.